図解マッキンゼー入社1年目
問題解決の教科書

麦肯锡
图表思考法

[日]大岛祥誉 著　朱悦玮 译

北京时代华文书局

前言

全世界最强的管理顾问公司的毕业生，为什么能够在入职第一年就掌握受用一生的工作法

■ 受用一生的麦肯锡工作法

平均3~5年。这是号称全世界最强的管理顾问公司麦肯锡的员工的平均在职时间，那些离职的员工被称为"麦肯锡的毕业生"，我作为其中一员，也没有脱离这个数字。

或许有人会感到惊讶："竟然那么短吗？"

但入职3~5年从麦肯锡"毕业"后独立创业，以及在各大公司里担任经营和管理等方面要职的人比比皆是。

为什么麦肯锡的毕业生能够在这么短的时间里就成长为在各个领域中都十分活跃的人才呢？其中的秘密之一就是麦肯锡（特别是日本分公司）独有的"新人培训项目"。

这可不是普通的新人培训。通过这项培训，新员工能够在管理顾问活动的第一线，通过亲自参与解决各种各样的课题，掌握"自己寻找答案的技能"。

正因为有这项培训，麦肯锡的毕业生不管走到全世界任

何一个地方，都能够发挥出令人惊叹的工作能力，让人由衷地发出"麦肯锡的毕业生真了不起"的赞叹。

我希望能够通过本书，为大家揭开麦肯锡新人培训的秘密，让大家都能够掌握受用一生的"麦肯锡工作法"。

虽然本书中以"麦肯锡"命名的种种，实际上只是基于我个人的见解，但介绍的却都是只要掌握之后就能发挥出强大作用的技能。

也就是说，大家掌握的不仅仅是知识，更是能够应用于实际工作之中的"武器"。

一提起麦肯锡，很多人首先想到的都是"解决问题的技能"和"逻辑思考"等技术理论，但仅凭理论无法在现场解决工作上的问题。

除了技术理论之外，自身的人格魅力、对工作的态度、对事物的看法等一切的一切，都与"麦肯锡解决问题"技能有着十分密切的联系，请大家务必牢记这一点。

体验麦肯锡思考法

虽然前面说了这么多，但大家或许还是很难想象麦肯锡的"解决问题"究竟是怎么回事吧。

那么就让我们来模拟体验一下麦肯锡思考法吧，这也是"解决问题"技能的前提条件。

假设现在有两个信息。

新商品的销量很好

新商品的销量不佳

那么，这两个信息究竟哪一个更加重要呢？

如果你在看自己公司新商品的销售报告时，只有"嗯，销量不错嘛"的感想，那可就有点不妙了。

这两个信息看似都很重要，实际上却并不重要。

用麦肯锡的话来说，这两个信息都遗漏了"So What（所以呢）？"和"Why So（为什么）？"。

不管新商品的销量是好是坏，其背后肯定都存在着作为事实的主要原因即"要因"。而在掌握了要因之后，还要想出相应的对策。

情况可能是这样：

・销量很好

↓

・要因是顾客的年龄层比预想的更大

↓

・应该考虑进行增产

也有可能是这样：

・销量不佳

↓

・老年客户群体的认知度低

↓

・需要针对老年客户群体开展宣传活动

前言

只有开始思考基于事实应该采取什么行动的时候，信息才能真正被称为"信息"。这是新员工在入职麦肯锡第一年就必须掌握的思考方法。

换句话说，在看不清未来动向的状况下面对没有正确答案的问题之时，搞清楚"根据诸多事实与信息，自己应该怎样做"尤为重要，只是一味地收集信息而不进行思考是不行的。

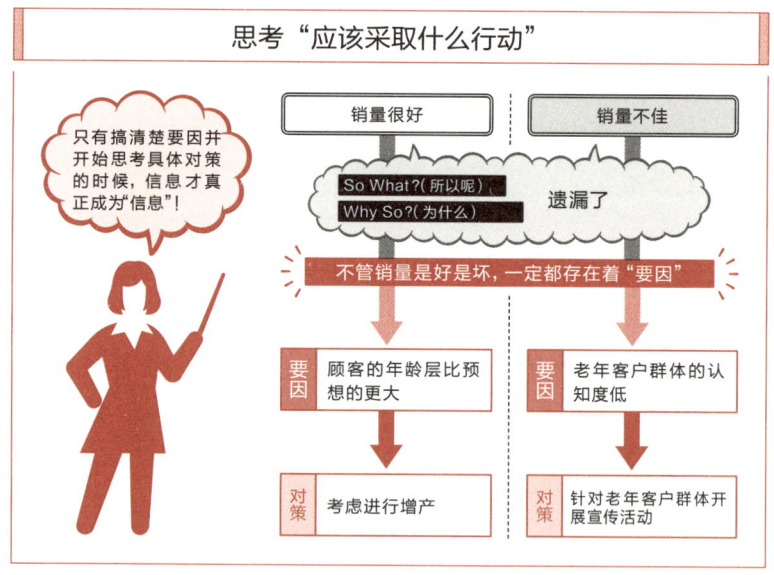

在麦肯锡入职第一年掌握的"解决问题"技能，已经成为诸多商务人士的"秘密武器"

■ 不管面对任何难题，都能找出解决办法

麦肯锡是一家将解决"谁都不知道正确答案"的问题作为自身工作的公司。

即便同样被称为"问题"，其内容也是千差万别的。有的问题根本找不到答案，有的问题看起来存在很多答案，但却不知道哪一个是正确的。

比如"让日本经济复苏的办法是什么"这个问题，乍看起来完全不知道应该如何回答，但麦肯锡绝对不会说"不知道"。

不管面对怎样的问题，麦肯锡一定会认真仔细地进行调查分析，找出真正的问题，并且提出让客户都大吃一惊的解决办法。

麦肯锡并没有像普通企业那样的事业部。

全世界范围内的所有办公室全都作为统一的组织运营，所有的成员都在"为客户服务"这一使命的指导下，为客户

前言

提供统一的价值。

因此，哪怕是刚入职的新员工，也必须比客户更了解客户的行业和业务。

比如客户是汽车生产企业，那么麦肯锡的管理顾问就需要对汽车行业的相关资料（大约70~80页）进行分析，提出自己对该行业未来发展趋势的见解。

当然，只是将数据东拼西凑起来是行不通的。

只有根据数据做出合理的预测，才能够得到客户的认可。

■ 掌握逻辑思考，成为能够给出"自己的解答"的人

不过，让没有任何工作经验的新员工直接投入到战场的最前线，也发挥不出任何作用。

就像军队里有新兵训练营一样，麦肯锡也有对新员工开展基础训练的培训，通过这项新人培训项目，每一名入职麦肯锡的员工都能够掌握麦肯锡"解决问题"技能。

甚至可以说，如果没有这项培训的锻炼，就没有今天的我。

我入职麦肯锡完全是出于偶然，因为当时我对麦肯锡的印象就是"虽然不太了解，但好像里面有很多厉害的人"。

我在找工作期间，偶然在电视上看到大前研一先生（前麦肯锡董事）出席的谈话节目，顿时被他的魅力征服了。

"今后是头脑的时代，也就是智慧和创意发挥价值的

时代。"

这句话瞬间点醒了我。

当时"商业框架""图表分析"这些词还不像现在这般普及。我对自己分析信息并进行加工，从而创造出全新价值的工作从直觉上感到非常的期待。

我本来是一个逻辑思考能力不怎么强的人，属于做事全凭直觉的类型。

但我现在却从事人才战略顾问的工作，这不得不说多亏了麦肯锡新人培训和OJT（在职培训）的功劳。

这也使我意识到，麦肯锡"解决问题"的技能，不只对麦肯锡的新员工有帮助，更可以成为诸多商务人士的"秘密武器"。

我在这么多年的工作之中也曾经遇到过许多难以解决的问题，但仔细想来，每次我都凭借着入职麦肯锡第一年所掌握的解决问题的技能和工作法跨越了面对的难关。

正因为这些技能和工作法已经彻底融入到我的思维和意识之中，我可以根据面对的情况，进行必要的逻辑思考和本质分析，就像拥有了哆啦A梦的百宝袋一样，随时拿出最合适的解决办法。

希望诸位读者在读完本书之后，不但要掌握逻辑思考和本质分析的方法，更要成为能够给出"自己的解答"的人。让我们一起开始吧！

前言

不管面对任何困难都能够找到答案的"秘密武器"

状况：这个问题怎么办？ 怎么办才好呢…… 嗯……

分析：找到了！ 本质分析 / 逻辑思考 / 找出真正的问题

解决：想到解决办法啦！ 很好，我知道了！ 立刻开始行动吧！

利用麦肯锡工作法，成为能够给出"自己的解答"的人！

麦肯锡员工的悄悄话

麦肯锡"新人培训项目"的神奇之处

搞清楚"自己不知道什么"

2008—2014年
在麦肯锡工作过的人

我于2008年入职麦肯锡日本分公司，随后在全世界7个国家和地区参与了许多项目，我认为自己通过麦肯锡的"新人培训项目"得到的最大收获，就是"知道了自己不知道什么"。

不管你从事何种行业何种工作，知道自己应该做什么都是非常重要的技能。

当我们遇到问题的时候，很容易将注意力都集中在眼前发生的事情上，结果采取的解决办法都是只针对表面现象的。但是，如果稍微改变一下视角，将目光的焦点从现象本身移开，就会发现真正应该解决的课题。

在解决"真正的课题或问题"时，把握"自己不知道什么"的能力是必不可少的。

以麦肯锡的"新人培训项目"为基础展开公司内部培训

明路（MACROMILL）全球战略开发
总监 铃木悠司先生

我于2011年辞去外务省的工作进入麦肯锡，可以说是完全换了一个行业。

我在入职之后参加的"新人培训项目"，对我现在的工作仍然有很大的帮助，而且我觉得不管从事何种行业和职业，这些能力都将成为强有力的武器。

现在我就职的企业，各个部门都举办了各种各样的学习会。

学习会的主题五花八门，比如"市场营销""统计方法""调研""业界研究""开创新事业"等，而我则凭借在麦肯锡"新人培训项目"中学到的知识，担任新人培训讲师。这也让我再次感受到其内容的通用性。

工作，就是在看不清未来动向的状况下面对没有正确答案的问题之时，搞清楚"根据诸多事实与信息，自己应该怎样做"。

因此，我认为在"新人培训项目"中学到的内容，为自己今后开展各项工作打下了坚实的基础。

小结
"麦肯锡的方法"是受用一生的武器

对商务人士来说，把握好的方法非常重要。麦肯锡的新人培训传授的正是这种方法。

不管是认为"知道了自己不知道什么"的人，还是以"新人培训项目"为基础展开公司内部培训的人，都是将这一基础变成了自己的东西并且学以致用，结果取得了飞跃性的进步。

另外，因为这些方法都是前人经过不断的"试错"总结出来的。所以称得上是能够以最小的付出取得最大回报的最优解。

这是所有商务人士都应该掌握的"最强的基本技能"。也是能够在真正意义上提高"生产性"的基本技能。

目录 CONTENTS

【第一讲义】
麦肯锡
解决问题的基本流程

什么是"解决问题"？ …………………… 3

解决问题的 6 个原则 1
不要打地鼠 ……………………………… 6

解决问题的 6 个原则 2
把握问题的结构 ………………………… 9

解决问题的 6 个原则 3
分解问题的方法——逻辑树 …………… 11

解决问题的 6 个原则 4
建立假设并进行分析 …………………… 13

解决问题的 6 个原则 5
验证假设的方法——问题树 …………… 15

解决问题的 6 个原则 6
得出解决办法——空·雨·伞 ………… 17

解决问题的 4 个关键 1
不要被当前的状况和条件限制 ………… 20

解决问题的 4 个关键 2
保持逻辑思考 …………………………… 22

解决问题的 4 个关键 3
重复"所以呢？" ……………………… 24

解决问题的 4 个关键 4
必须思考"谁、做什么、怎么做" …… 26

第一讲义 必修练习 …………………… 28

【第二讲义】
麦肯锡
提高解决问题能力的思考法

不要"翻硬币"……………………………… 31
永不放弃的"毅力"……………………… 33
让五感更加敏锐…………………………… 35
边放松边集中……………………………… 37
图表思考法………………………………… 39
打破束缚自己的"边框"………………… 42
区分"意见"与"事实"………………… 45
从问题开始………………………………… 47
搞清楚问题的核心………………………… 49
问题是否抓住了本质……………………… 51
如何提出抓住问题核心的"好问题"… 53
开拓视野的重要性………………………… 56
尝试"电梯测试"………………………… 58

第二讲义 必修练习 ………………… 60

【第三讲义】
麦肯锡
传达自己意见的技巧

提高自己的说服力………………………… 63
进行逻辑展开时的 3 个关键 …………… 66
进行逻辑展开时绝不能做的事情………… 70
金字塔图表的使用方法…………………… 73
怎样说明才能提高说服力………………… 76
"没问题"并非真的没问题……………… 79

第三讲义 必修练习 ………………… 82

【第四讲义】

麦肯锡

在项目中取得成果的能力

在限定时间内取得成果·················· 85
和不喜欢的人也能够产生共鸣·········· 87
在被问到之前先报告·················· 89
提高自身存在感的方法················ 92
不要被"领导的责任"束缚·············· 94
不要独自完成工作···················· 96
设计工作···························· 98
坚持"刨根问底"······················ 100
设计会议···························· 104
不说"我",说"我们"·················· 107
活用图表,提出高质量的问题·········· 109

第四讲义 必修练习 ·················· 111

【第五讲义】

麦肯锡

说明法

说明必不可少的三要素················ 115
不要一开始就使用 PPT ················ 118
使用金字塔图表······················ 121
"空·雨·伞"的传达逻辑·············· 124
提炼出信息的结晶···················· 127
简洁有力的"一张图表、一条信息"··· 130

第五讲义 必修练习 ·················· 133

【特别讲义】

麦肯锡

图表入门

时刻坚持图表思考……………… 137

想在整体流程中把握关键要素的时候
"业务系统"框架……………… 139

想要分析基本市场战略的时候
"3C"图 ……………………… 141

想要对组织进行重组的时候
"7S"框架 …………………… 143

不知道应该怎样选择才好的时候
"定位矩阵"…………………… 145

想要发现针对课题的真正解决办法的时候
"逻辑树"……………………… 147

特别讲义 必修练习 ……………… 149

结 语

多接触更好、更优秀的事物，
掌握分辨真伪的能力 ……………… 150

第一讲义

麦肯锡 解决问题的基本流程

什么是"解决问题"？

■ 明确解决真正问题的具体办法并加以执行

在我们的身边，每天都会出现许许多多的问题，从个人层面到组织层面再到国家层面，甚至说我们每天都生活在"解决问题"当中也不为过。

但是，究竟什么是"解决问题"呢？

"不就是针对出现的问题采取对策吗？"

很多人都是这样想的吧。但真正的"解决问题"，并不是针对发生的现象采取对策，而是深入挖掘"为什么会发生这种现象？""怎样才能避免这种现象发生？"等问题的本质并加以解决。

也就是说，找出真正的问题。然后明确解决真正问题的具体办法并加以执行。

■ 把握解决问题的基本流程

我入职麦肯锡的第一年，有一位经理委托我调查汽车行业的市场动向。我的任务是制作一份用于把握汽车行业销售

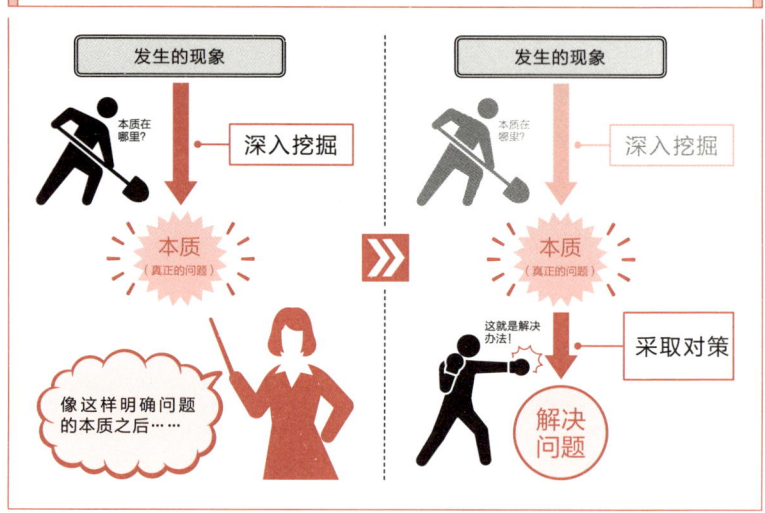

战略的基础资料。

我将市场规模、成长情况、顾客状况等市场动向整理成一份列表提交了上去。

但经理这样对我说道：

"真正的问题是什么？应该怎样解决才好？你在制作资料的时候没有考虑到这些啊。"

他的这句话，正好点明了解决问题的基本流程。以这份委托为例，"问题"就是"汽车生产企业应该采取什么样的销售战略"。

那么，解决问题的基本流程究竟是什么呢？请看右图。

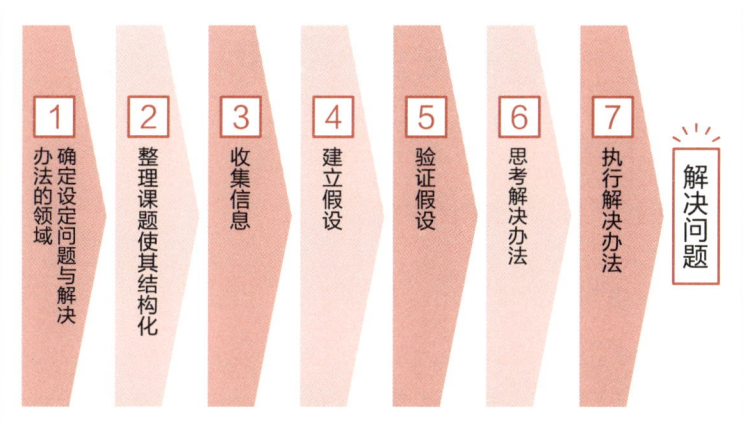

麦肯锡专家心得　1

"Client interest first（顾客第一主义）"

麦肯锡的"Client interest first"并非单纯的口号，更表现在具体的行动上。

当客户提出自己的现场存在问题时，麦肯锡的员工绝对不会将客户所说的内容直接当做问题，而是会前往现场，亲身感受问题的状况。因为以亲眼所见的内容和亲身感受的情况作为基础，能够加深思考。

如果不能够对客户提出的问题感同身受，就无法解决问题。不管你提出的解决办法有多么高妙，如果得不到现场员工的接受，也称不上是"将客户的事情放在第一位思考"。

第一讲义　第二讲义　第三讲义　第四讲义　第五讲义　特别讲义

解决问题的6个原则　1

不要打地鼠

■ "翻硬币"无法根本性解决问题

在解决问题的流程中,最重要的一点就是<u>从一开始就确定"什么才是应有的状态"</u>。

比如为了解决A先生经常出现错误的情况,让B先生进行二次检查。乍看起来这似乎解决了问题。

但是,这种解决办法就像是"翻硬币"一样,完全没有"明确真正的问题,寻找真正的解决办法"这一关键过程。如果B先生因为工作负担过重而疲惫不堪,反而可能出现更多的错误。

<u>所谓"解决问题",就是找出"真正的问题",弥补应有状态与现状之间的偏差</u>。在这种情况下,"让A先生和B先生都能准确且高效地完成工作"就是"应有状态"。

然后思考"为了实现应有状态应该解决什么问题",就会发现"减少、减轻A先生和B先生的错误与负担"是真正的问题。

"打地鼠"并不能解决问题

前文中提到的那个针对汽车生产企业的市场调研,我就陷入了"翻硬币"的思考陷阱之中。"因为销售量减少,所以问题就是如何提高销售量",乍看起来似乎很有道理,但这完全无法解决围绕着汽车生产企业的结构问题。

在市场变迁中,汽车生产企业应该如何应对?这才是真正的问题。

不解决真正的问题,只是像打地鼠一样忙于应对眼前的问题,根本称不上是"解决问题"。

因为不管怎么打,问题都会像地鼠一样不断出现。

只解决眼前的问题，无法真正解决问题

解决问题的 3个要点

1 从一开始就确定"什么才是应有的状态"

2 所谓"解决问题"，就是找出"真正的问题"，弥补应有状态与现状之间的偏差

3 只解决眼前的问题，无法真正解决问题

解决问题的6个原则 2

把握问题的结构

■ **要想把握问题的结构，需要区分现象与要因**

在前文中我已经说明，像打地鼠一样只解决眼前的"现象"是不行的（紧急情况另当别论）。那么，怎样才能找出隐藏在现象背后的"真正的问题"呢？

首先，要根据眼前发生的现象"定义问题（确认应有状态）"，然后搞清楚这个问题是由哪些要因组成的，也就是将问题的结构可视化。

以前文中提到的汽车生产企业为例，不能只针对销售量减少这个现象思考对策，而要将销售量减少的现象，与出现这一现象的要因区分开来进行思考，这样才能够把握问题的结构。

让问题的结构可视化

眼前发生的现象

定义问题
问题是什么？ ＋ 确认应有状态

分别思考
现象 要因

搞清楚问题的结构

解决问题的6个原则 3

分解问题的方法
——逻辑树

■ **用逻辑树将问题分解,找出真正的问题**

要想将问题的现象与要因区分开,也就是将问题分解的时候,需要用到"逻辑树"这个思考工具。

在分解问题的时候有三点非常重要。第一点是"不重复、无遗漏"。比如将顾客分为"男性"和"女性"完全OK,但如果分为"喜欢户外运动"和"喜欢登山",那就出现了重复和遗漏。

第二点是"尊重事实"。如果感情用事或者轻易相信他人的意见,可能会离真正的"解决问题"越来越远。

第三点是"不要过分关注重要度低的内容",在众多要因之中,存在重要度很低的内容,对这样的内容多加讨论也毫无意义。

如图所示,将"无法提高销售业绩"这一问题进行分解,能够把握问题的整体情况,找出真正的问题。

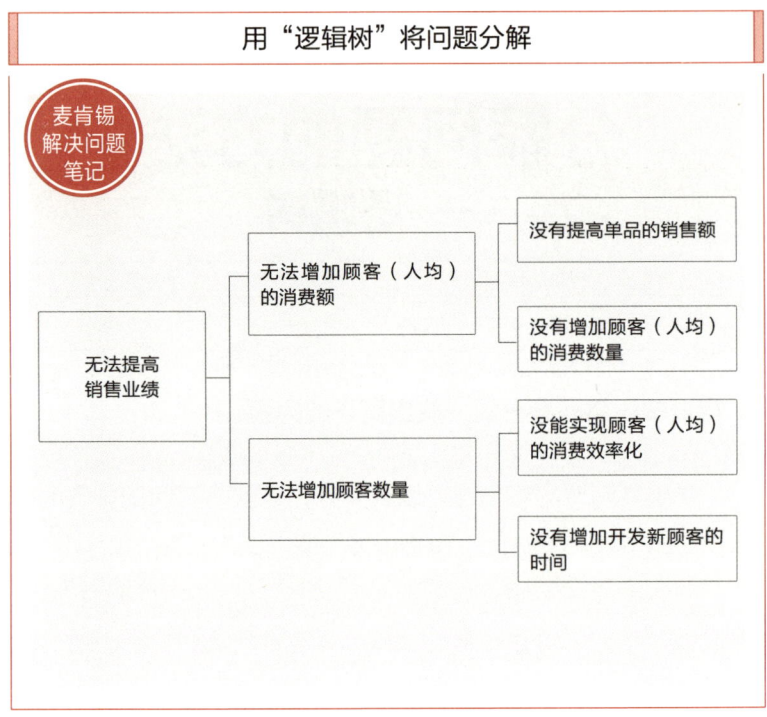

解决问题的6个原则 4

建立假设并进行分析

■ 确定什么才是最重要的课题（问题）

通过逻辑树搞清楚问题的结构之后，接下来就要确定什么是最重要的课题，也就是我们常说的"建立假设"。

因为在当前时间点还不知道什么是最重要的课题，所以需要通过"假设"来设定最重要的课题（问题）。所谓"最重要的课题"，就是能够从根本上解决问题的课题。

还是以汽车生产企业为例，"每辆汽车的利润率太低"或许就是把握企业成长关键的最重要的课题。

通过逻辑树搞清楚问题的结构之后就会发现，最重要的课题（问题）并非"开发新顾客"，而是"让现在购买低价格区间汽车的客户群体升级购买更高价格区间的汽车"。

| 第一讲义 | 第二讲义 | 第三讲义 | 第四讲义 | 第五讲义 | 特别讲义 |

对假设进行验证，确定"问题（最重要的课题）"

汽车生产企业应该采取
什么成长战略和销售战略？

・买车的年轻人越来越少

・能够满足用户需求的车太少

・每辆汽车的利润率太低

・销售店铺太少

・宣传广告的冲击度不够

……

将能够从根本上解决问题的课题作为假设。

解决问题的6个原则 5

验证假设的方法
——问题树

■ **通过"不重复、无遗漏"的分解,提高验证的精确度**

以最重要的课题(问题)作为出发点,根据以此导出的要素,对假设是否正确进行"yes or no"的验证,这就是"问题树"。

在对问题进行验证的时候,保证"不重复、无遗漏"的分解尤为重要。如果在分解时没有做到"不重复、无遗漏"的话,就很难保证分析的准确性,无法找出正确的答案。

如图所示,通过问题树对"为了提高利润率是否应该让现有客户群体A进行消费升级"这一课题进行分解和验证,需要对是否能够扩大市场、把握顾客需求以及销售渠道等诸多要素进行验证。

通过这个案例,我们不难看出,"不重复、无遗漏"的分解,对于提高验证的精确度非常重要。

用"问题树"验证假设

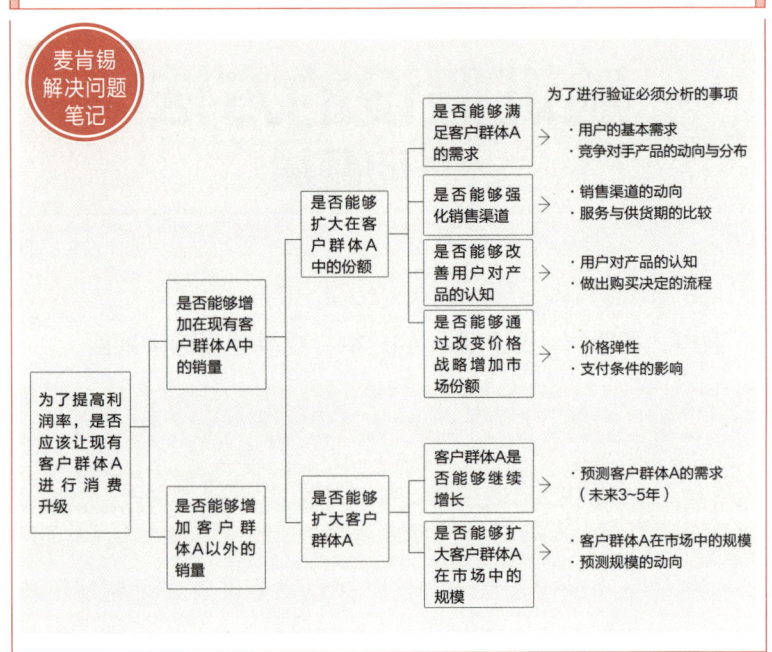

解决问题的6个原则 6

得出解决办法
——空·雨·伞

■ **根据"空"的情况预测"雨",决定带"伞"**

将问题分解、验证,提出解决办法并加以执行时最基本的思考方法就是"空·雨·伞"。

麦肯锡非常重视这种思考方法,并要求员工坚决贯彻执行。"空"就是"现状如何"的事实,"雨"则是"这一现状意味着什么"的"解释","伞"是"根据这一解释应该采取什么行动"的"解决办法"。这种以事实、解释和解决办法为基础的思考非常重要。

在前面提到的汽车生产企业的案例中,之所以最后采取"举办高级车型试驾会"的解决办法,就是因为现状的"空"处于低价格车型在现有客户群体中的销售量太低这一状态。根据这一事实,可以判断有顾客转而购买竞争对手的高级环保汽车的情况。

也就是说,顾客对低价车型的满意度很低,将价格之外的性能作为购买时的重要因素。这就是根据"空"预测出的"雨"。

根据现状和解释，采取"举办高级车型试驾会"的解决办法，就相当于给现有顾客递上雨伞。

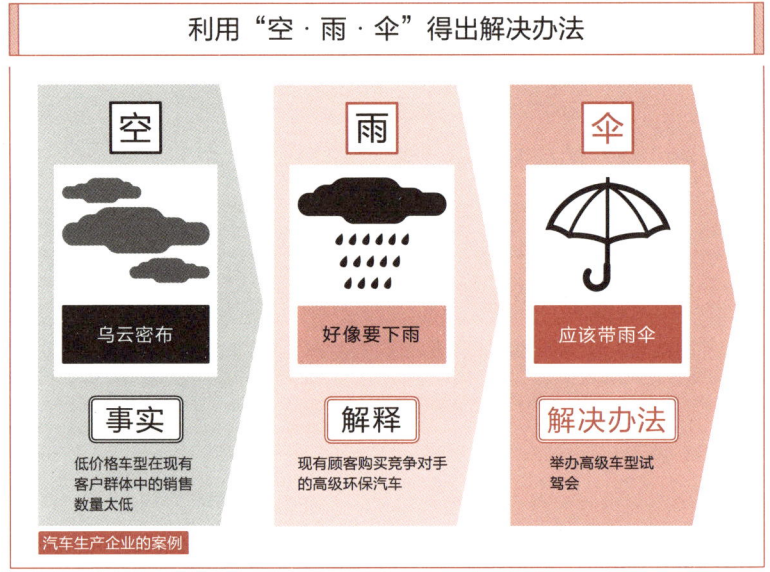

▌不要错过行动的最佳时机！

这部分的关键是"不要过分收集信息"。如果对所有内容都非常重视，就会在信息收集和验证上花费太多的时间，结果虽然帮助判断的素材增加了，但用在判断上的时间也增加了，可能会导致错过行动的最佳时机。

麦肯锡专家心得 2

"Positive Mental Attitude（积极的态度）"

在实践"顾客第一主义"的时候，难免会遇到很多困难。

因为要想完满地解决客户的问题，首先自己要战胜所有的困难。

如果管理顾问在遇到难以解决的课题和问题时自己先退缩了，那还怎么完成工作？

所以越是遇到困难越要勇往直前，这种积极的态度被称为"Positive Mental Attitude"，简称"PMA"。麦肯锡对"PMA"非常重视。

面对难题，做好"万事开头难"的心理准备，接下来只要按部就班地去做就好了。

第一讲义 | 第二讲义 | 第三讲义 | 第四讲义 | 第五讲义 | 特别讲义

解决问题的4个关键 **1**

不要被当前的状况和条件限制

■ 根据"应有状态"思考解决办法

要想真正地解决问题,绝对不能因为当前的状况和条件限制而束手束脚。不能以现状为基础进行思考,而应该以"应有状态"为基础进行思考。

以餐饮事业为例,假设你要吸引的客户群体是亲子顾客。那么据此能够想到的创意就是"用太空的相关内容来吸引亲子顾客"。

当然,从目前的条件来说,在外太空开餐厅基本不可能,但如果只是在餐厅里增加一些太空的相关要素(比如可以穿宇航员服装拍摄纪念照片,菜品设计具有太空要素等)还是可以的。

只要能够摆脱现状和条件的限制,以"创造亲子快乐空间"的"应有状态"为出发点进行思考,采取能够填补创意与现状之间偏差的对策,就一定能够解决问题。

以"应有状态"为起点进行思考

应有状态

亲子快乐空间

啊哈哈哈……
哇，真有趣！

创意

以太空为亮点

✗ 在外太空开餐厅
◉ 具有太空要素的餐厅

解决办法

太空咖啡厅

太空食品 咖喱
太空食品 章鱼烧

解决问题的4个关键 2

保持逻辑思考

■ 利用逻辑思考让一切都条理清晰

利用逻辑思考来解决问题，<u>可以使解决问题流程中的现象、要因，以及自己思考的假设的原因和结果都一目了然、条理清晰。</u>

不仅如此，逻辑思考还能够消除解决流程中的重复和遗漏，使我们能够准确地把握问题，不走弯路。

据说最早提出"逻辑思考"这一概念的人是古希腊的哲学家亚里士多德。

- 花（B）终将枯萎（C）……大前提
- 蔷薇（A）属于花（B）……小前提
- 蔷薇（A）终将枯萎（C）……结论

这就是广为人知的逻辑学三段论："如果A=B，B=C，那么A=C。"

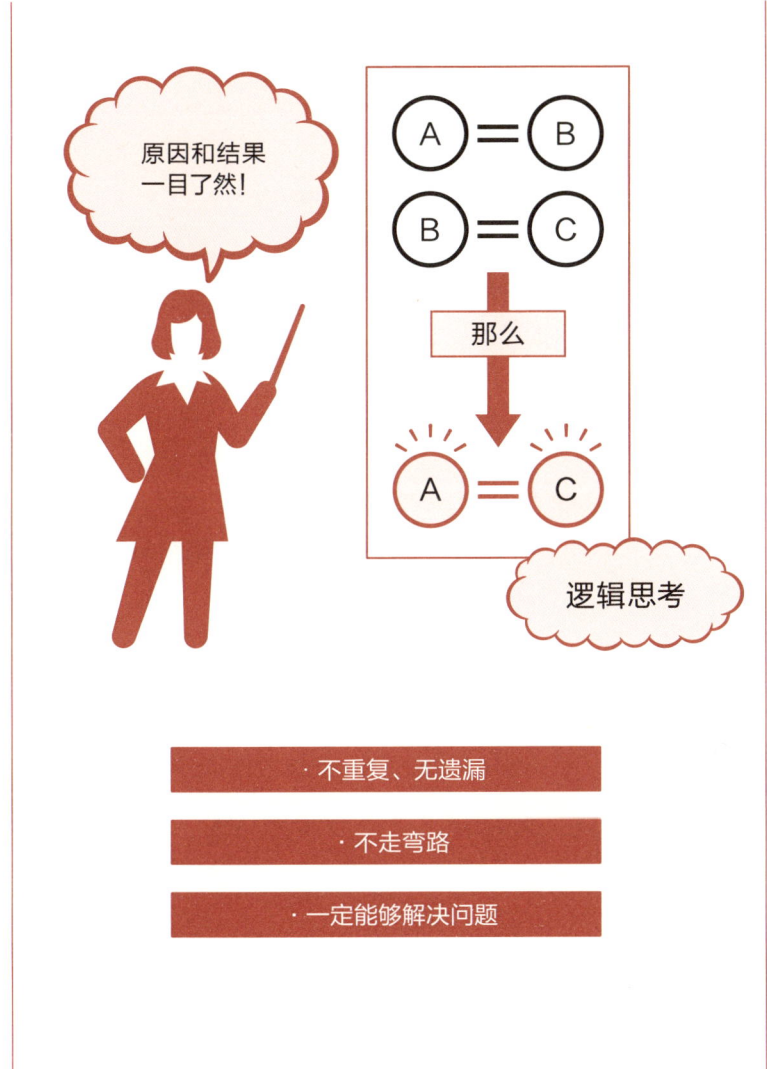

解决问题的4个关键 3

重复"所以呢？"

■ 通过重复"所以呢？"让逻辑更加严谨

通过逻辑思考得出的结论和解决办法，必须让任何人一看都会感觉"这就是关键"。麦肯锡要求逻辑必须十分严谨，不能有任何漏洞。

而通过重复"So What（所以呢）？"和"Why So（为什么）？"，可以让逻辑变得更加严谨。

比如为了考取注册会计师资格，设定"不花时间在学习上就无法提高学习成绩"这一问题。

如图所示，通过不断重复"So What（所以呢）？"，可以发现真正的问题，从而找出应该采取何种解决办法，并能够进行具体的分析。这样一来，逻辑就会变得更加严谨，让别人更加信服。

解决问题的4个关键 4

必须思考"谁、做什么、怎么做"

■ 要想真正解决问题,"谁、做什么、怎么做"尤为重要

随着解决问题的流程不断深入,必然会遇到"谁、做什么、怎么做"的问题。

从当事人的角度来说,就是要明白"我应该做什么,怎么做"。

比如针对"销量不佳"这个问题,如果只是要求销售人员"加大销售力度"却不给出具体的办法,那么销售人员也不知道应该从何下手。

所以必须明确地告诉销售人员应该以怎样的方法,向哪些顾客,提供什么商品。

话虽如此,但实际上很多企业都觉得"总之先提高销量"就能够解决问题。

要想取得有价值的成果,就必须思考"谁、做什么、怎么做",解决真正的问题。

明确"谁、做什么、怎么做"

◎ 明确"谁、做什么、怎么做"

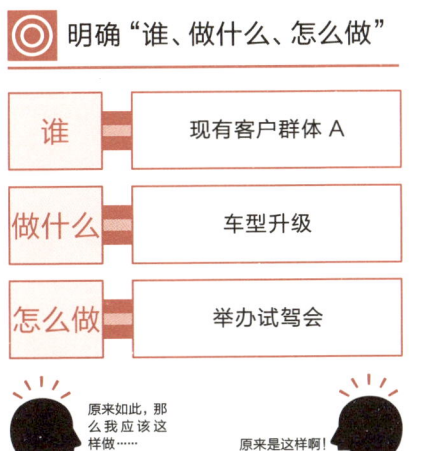

✖ 不明确"谁、做什么、怎么做"

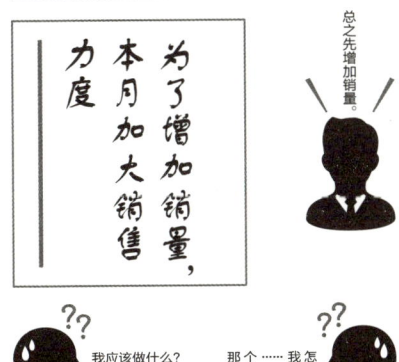

汽车生产企业的案例

| 第一讲义 | 第二讲义 | 第三讲义 | 第五讲义 | 第六讲义 | 特别讲义 |

第一讲义　麦肯锡　解决问题的基本流程

必修练习　请将正确答案填入空白处

1. "解决问题",就是找出 A 并加以解决。

2. 像 B 一样只解决眼前的问题,无法解决真正的问题。

3. 要想把握真正的问题,就必须将眼前发生的事情分成 C 和 D 分别进行思考。

4. 将"最本质且具有 E 的课题"设定为假设并进行验证。

5. 采取 H 的行动。

6. 根据 F 做出 G 的预测,

7. 根据 I 思考解决办法。

8. 通过逻辑思考,可以明确 J 和 K。

9. 重复思考" L ",可以让逻辑更加严谨。

答案:A 问题的本质 B 对症疗法 C 眼前发生的事(重点) D 重要 E 冲击力 F 已有状况 G 未来 H 根据 I 相应原因 J 原因 K 结果 L 为什么

提高解决问题能力的思考法

麦肯锡

第二讲义

不要"翻硬币"

■ 让看不见的选择可视化

我们每天都能够接收到很多信息,而对这些信息进行分析非常重要。

在进行分析时需要注意的一点是,绝对不能单纯地"翻硬币"。比如某商品销量不佳,为了解决这个问题而采取促销手段的话就是单纯的"翻硬币"式思考。

如果进行更加深入的思考,把握问题的核心,就会发现该商品在市场上的影响力已经越来越小,应该将经营资源转投到其他有成长空间的商品上。也就是说,不能只看眼前解决问题,还要有长远的打算,面向未来解决问题。

麦肯锡"解决问题"的技能和图表能够使自己发现之前"看不见的选择"。

利用麦肯锡思考法将"看不见的选择"可视化

永不放弃的"毅力"

■ **打破边框,从零开始思考,找出答案**

在利用麦肯锡"解决问题"技能的过程中,因为忽然闪现的灵感而加快解决问题进程的情况十分常见。

通过建立合理的假设(问题),打破边框,从零开始思考,可能会发现平时看似毫不相干的信息之间隐藏的联系,从而找出意料之外的答案。这正是麦肯锡的"解决问题"方法。

要想做到这一点,仅凭图表和逻辑思考是不够的,还需要坚持不懈、永不放弃的思考。

这样的思考从某种意义上来说也可以被称为"毅力"。麦肯锡的员工绝不是坐在办公室里喝着咖啡,摆弄摆弄逻辑树就能够轻描淡写地解决问题的。

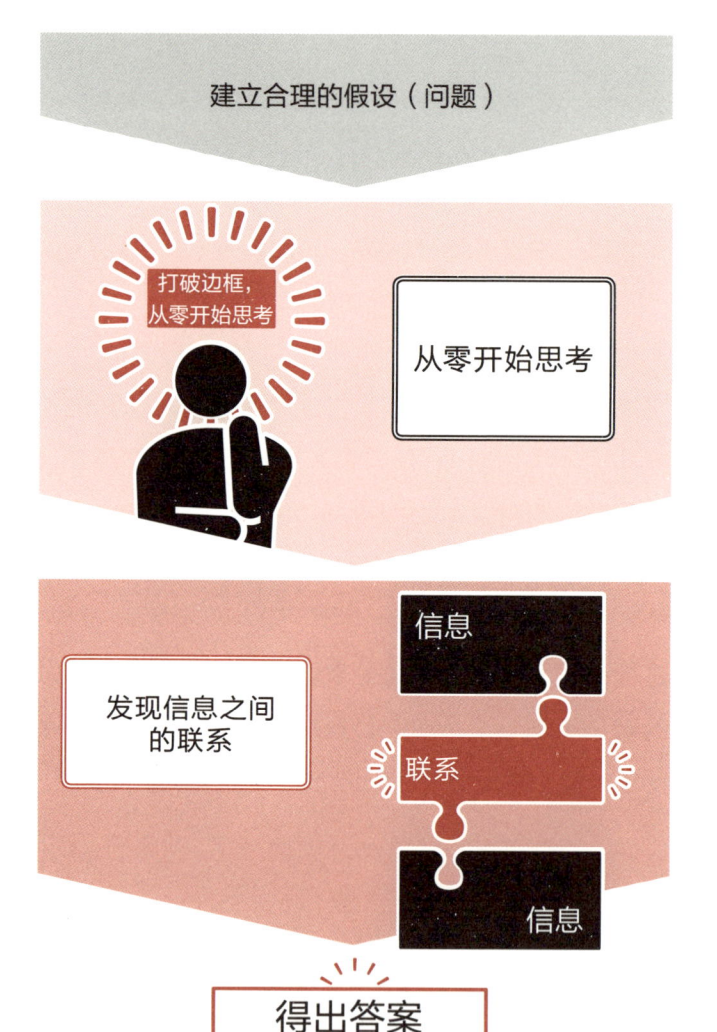

让五感更加敏锐

■ 早睡早起有助于思考

不管在什么环境之中,我们都可以自己想办法激发灵感。磨炼五感就是激发灵感的办法之一。

对于认为自己每天都难以集中精神进行思考的人来说,最好的解决办法就是早睡早起。或许有人觉得我是在骗人,但请尝试每天晚上10点之前上床睡觉,只要坚持三天你就会发现自己的精神变得清爽了许多。

如果你在每天早晨3点或4点的时候自然地醒来,不妨试着从这个时间开始自己的工作、学习或者思考。你可能会产生有些不一样的感觉,这正是你的五感变得更加敏锐的证明。尽量不要让自己产生疲惫的感觉,早睡早起,这对思考有极大的帮助。

早睡早起让五感变得更加敏锐

晚上 10 点之前睡觉

晚安……

ZZZ……

早晨自然醒

早上好!

开始工作、学习或思考

很好,开始吧!

边放松边集中

■ 通过休息消除疲劳，通过运动放空大脑

要想提高思考及其成果的质量，关键在于不要疲于思考。越是忙碌的时候，越要保证思考的质量。

要想做到这一点，放松尤为重要。事实上，通过消除疲劳，放松身心，人们可以自然而然地进入到精神集中的状态，这是人类大脑的特征之一。

那么，怎样才能保持高品质的思考呢？

最有效的办法是通过休息来消除疲劳，然后通过畅快的运动来放空大脑。

放空大脑后再集中精神，就相当于边放松边集中的状态，在这种状态下，人们就能够长时间地保持高品质的思考。

| 第一讲义 | **第二讲义** | 第三讲义 | 第四讲义 | 第五讲义 | 特别讲义 |

身体活动起来，思维也会变得活跃

活动身体进行放松

 跑步　　 游泳　　 肌肉锻炼

进入放空的状态，
思维也会活跃起来

畅快多了！

放空大脑后再集中精神，就相当于边放松边集中的状态！

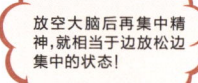

图表思考法

▍不要只关注眼前的问题

消除"思考的无用功"也是提高工作质量的关键。麦肯锡的图表是消除思考无用功的有效工具,同时,"图表思考"本身也有许多优点。

在开始思考之前,首先要确定目标。

假设你面对"如何进行资格证考试的复习"这一问题。关键在于不能只关注眼前的问题。

在这种情况下,"眼前的问题"就是应该学习哪些内容。虽然这确实是一个必须搞清楚的问题,但如果不搞清楚什么是"真正的问题",那么可能会导致花费大量时间的思考都变成无用功。

▍用图表拓展思考的范围

在搞清楚"真正的问题",为了实现"应有状态"而进行思考时,图表可以帮助我们更进一步拓展思考的范围。

大家可以试着将"第四讲义"介绍的"3C"图的 Customer(顾客)、Competitor(竞争对手)、Company(自己

开始思考之前先明确目标

 首先思考自己的"应有姿态"

找出真正的问题，消除思考的无用功

 只关注眼前的问题

没有找出真正的问题，思考都是无用功

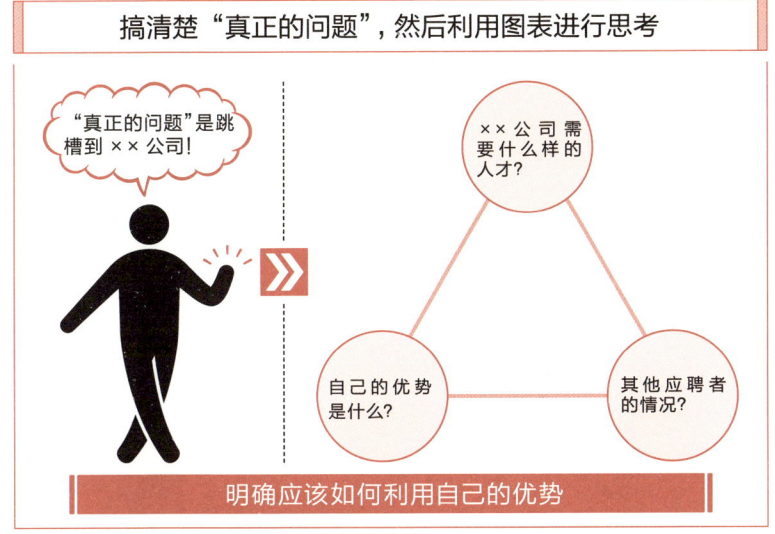

公司）套用在自己身上。

如果想跳槽的话，自己（自己公司）的优势是什么？想跳槽去的公司（顾客）想要什么样的人才？其他应聘者（竞争对手）都是怎样入职这家公司的？只要对上述问题进行分析，就能明确应该如何利用自己的优势。

解决问题的 3个要点

1. "图表思考"可以消除思考的无用功
2. 开始思考之前要先明确目标
3. 搞清楚"真正的问题"，然后利用图表进行思考

打破束缚自己的"边框"

▎只有找到"边框",才能将其打破

麦肯锡公司认为,如果能够打破束缚思想的边框,就可以发现更多的可能性。在解决问题的时候,绝大多数的人都希望能够尽可能地拓展自己的思考范围。但实际上他们并不知道自己的"边框"是什么。

比如某人希望进一步改善自己的人际关系,认为"我无法将自己的态度准确地传达给对方"是真正的问题。但是如果对这个问题进行更加深入的思考,就会发现实际上在他的内心深处存在着"不愿意与他人起冲突"的想法,所以才会出现"无法将自己的态度准确地传达给对方"的问题。

那么这个"边框"就是"不愿意与他人起冲突"的想法。只有在找到了这个"边框"之后,才能够将其打破。

▎不但要找到自己的"边框",也要搞清楚对方的"边框"

在企业等组织中也存在类似的情况。曾经有一位管理者对我抱怨说"我公司的员工一点干劲儿也没有",认为提高员工的工作积极性是最重要的课题。

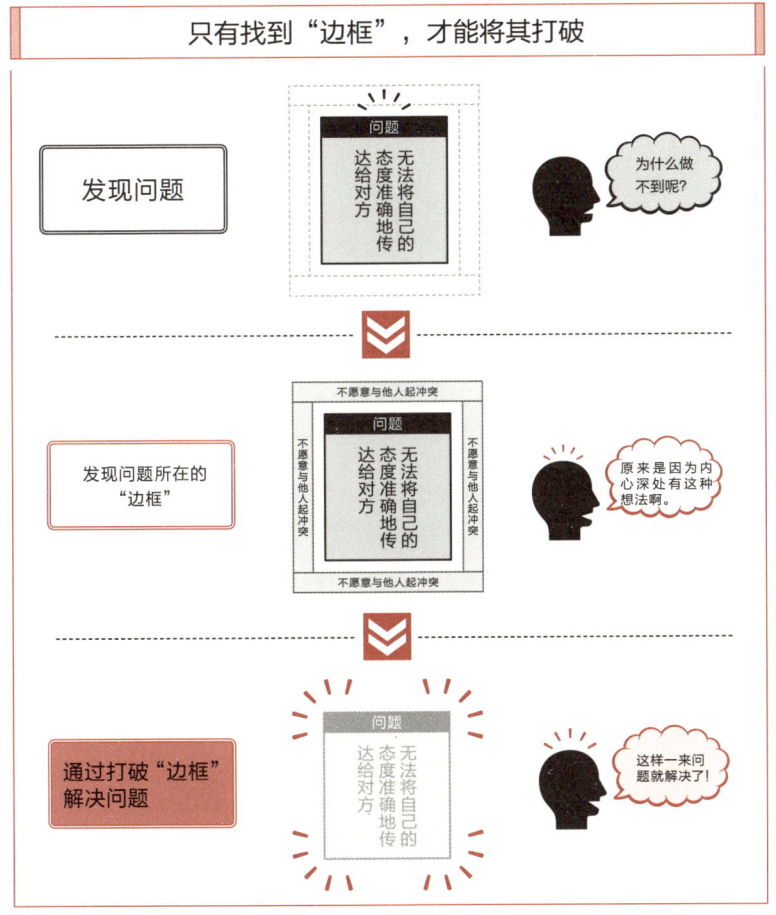

但是，这只是在管理者的"边框"中看到的问题。在与员工交流后，我发现其实完全是那位管理者与员工之间的交流有问题，所以真正的课题应该是提高自己与员工之间的好感度。

每个人都有只属于自己的"边框"。所以在思考问题的时候不但要考虑到自己的"边框",而且要搞清楚对方的"边框"。

麦肯锡专家心得 3

专家当然要保质保量

一般来说,管理顾问公司只需要给客户提供一份整理好的最终资料就可以了。但麦肯锡却要求员工在整个工作流程中都做到"保质保量(complete work)"。

比如会议资料,绝对不能在会议当天只做了一半,当然,在会议当天刚好做完也不行。而资料的内容也同样要求保质保量。哪怕是入职第一年的员工也必须做到保质保量。虽然很辛苦,但只有这样才能够取得理想的成果。可以说是否拥有这种基本的工作态度,对工作的结果有巨大的影响。

区分"意见"与"事实"

■ **区分"意见"与"事实"才能发现"真正的问题"**

在从他人处获取信息时,有一点必须特别注意,那就是一定要将对方所说的"意见"和"事实"区分开来。

比如对方说"我公司的会议很无聊而且时间太长",那么你首先要在自己的意识里将对方这句话归类为"意见"。然后通过询问了解对方为什么说出这样的话。于是你就会发现,实际情况是会议上充斥着空泛的讨论和毫无意义的说明,缺乏有建设性的提议,这才是"真正的问题"。

这就像是"思考的同声传译"一样,或许一开始大家会不太适应,但随着经验的不断积累,逐渐地,你就能在听对方说话的同时进行"意见"与"事实"的区分了。

从问题开始

■ 不要以愿望为基础进行思考

"对什么感兴趣=有什么疑问"决定了我们的信息获取和思考活动。

但以愿望为基础进行思考是绝对不行的。如果只考虑愿望,很容易忽视真正的需求以及是否存在负面影响。

所以我们需要将愿望转变为问题。比如将"想要平板电脑"转化为"是否应该购买平板电脑","想进军印度市场"转换为"是否应该进军印度市场",以问题为基础进行思考和验证,才能够做出正确的判断。

在日常生活和工作当中,如果能够坚持以问题为基础进行思考,就能够做到不偏不倚的思考。

将愿望转变为问题，可以做出正确的判断

容易忽视真正的需求以及是否存在负面影响

以问题为基础，做到不偏不倚的思考

搞清楚问题的核心

■ 问题要简洁有力

在提出问题的时候,关键在于将问题总结成一句话。

过于冗长的问题,会让人搞不清楚什么是最重要的内容。而且还会使思考变得分散,导致做出的回答难以落实到具体的行动上。

问题过于复杂且不得要领,说明这个问题并没有抓住问题的本质。

一个真正优秀的问题,必须做到简洁有力。

如果你现在提出的问题不能一句话说完,那就应该再仔细地思考一下,搞清楚什么才是"最重要的问题"。

将问题总结成一句话

 能够总结成一句话的问题
紧抓问题核心

我是否需要平板电脑?

这是最本质的问题!

 不能总结成一句话的问题
没有抓住问题的本质

现在好像很流行平板电脑,这东西看起来好像很方便,但我对液晶屏幕的大小也很在意,这东西对我来说有用吗,我也不知道应该选哪个比较好,应该选择朋友推荐的品牌和型号吗,还是应该等待出新的型号呢……

问题究竟是什么?

问题是否抓住了本质

■ **问题分为抓住本质的和没抓住本质的**

<u>问题必须抓住本质</u>。但实际上问题也分为抓住本质的和没抓住本质的。

假设你的朋友问你:"我最近变胖了打算减肥,A和B两个健身中心,应该去哪一个才好呢?"

在这种情况下,问题是"A和B两个健身中心应该去哪个才好"。但真正的问题却是"对体重增加比较在意"。

如果在健康上还有其他令人在意的变化,那么"应该去哪个健身中心"就是伪问题,本质的问题应该是"是否应该接受全面的健康检查"。搞清楚真正的问题(假设)非常重要。

在工作现场,<u>一定要养成遇到问题时首先判断其是否抓住了本质的习惯</u>。

一定要抓住"真正的问题"

> 对体重增加比较在意，打算减肥……
>
> A和B两个健身中心，应该去哪一个才好呢？

没有抓住本质的问题
偏离了真正的问题

> 对健康比较在意……
>
> 是否应该接受全面的健康检查？

抓住了本质的问题
真正的问题

> 一定要养成遇到问题时首先判断其是否抓住了本质的习惯！

如何提出抓住问题核心的"好问题"

■ 以学习的姿态提出问题

要想把握问题的核心,"好问题"至关重要。但或许很多人都会问:"什么才是好问题呢?"

在不同的状况下,"好问题"的定义也各不相同,我个人认为"能够解决问题的好问题",就是放下判断的姿态,以学习的姿态提出的问题。

以学习的姿态向对方请教自己不知道的信息和自己没想到的办法,对方也会因此而想起连他自己都没有想到的可能性与关键词。

如果你的提问使对方想到了之前被他忽略的内容,那么你就很容易获得对方的信赖。这样一来,对方就会成为你工作上和解决问题时的伙伴,愿意再多告诉你一些信息。这将非常有助于你把握问题的核心。

麦肯锡专家心得 4

苦行僧与艺术家

很多人对麦肯锡管理顾问的印象都是精于逻辑思考，只和定量的数据打交道。但实际上，真正优秀的管理顾问，身上往往都带着一种艺术家一般的气质。

如果一个管理顾问需要利用大量的图表，经过反复多次的说明才能够说服别人，我觉得这样的管理顾问是无能的。在麦肯锡，有不用多费口舌，自然而然地就能赢得别人信任的人。这样的人可以说兼具苦行僧与艺术家的气质。

■ 有助于提出"好问题"的基本态度

要想提出能够把握核心的"好问题",以下的态度尤为重要:

- 关注对方的反应
- 保持天真的好奇心(将自己的想法暂且放在一旁)
- 不要评判对方的发言和想法
- 郑重地提出朴素的问题
- 用"为什么"来深化思考与洞察力

下图是"好问题"的具体例子,请大家参考。

抓住问题核心的"好问题"示例

"好问题"与好成果息息相关!

改变视角的问题	如果你是顾客,希望得到怎样的服务?
	如果你没做现在这份工作,你觉得自己会做什么?
	从整个人生的角度来看,这件事的重要度有多高?
探寻原因的问题	在整个流程中,你对哪部分感到抗拒?
	你对自己现在身处的环境的哪部分感到满意?
	你有没有想要做却没办法做的事情?
把握对方价值观的问题	你在什么时候感到满足?
	对你来说什么是不可代替的?
	如果要在一天之内花光 100 万日元,你会怎么做?

开拓视野的重要性

■ 不从更大的范围对事物进行观察就容易出现错误

如果你在新闻里听到关于汽车销量下降的报道，或许会产生"现在人们都重视环境保护，再加上油价高昂，买车的人越来越少了"之类的想法。但是，从汽车市场整体来看，即便在买车的人越来越少的大环境下，仍然有一些种类的汽车销量在逐年递增。

混合动力汽车自不必说，带滑动门的七座高顶商务车以及运动型汽车都意外的销量不错。

如果仅凭"买车的人越来越少"这个关键词就做出判断，很容易出现错误。

只有开拓视野，从更大的范围对事物进行观察，才能做出正确的判断，这也是麦肯锡对管理顾问最基本的要求。

从更大的范围对事物进行观察

 从更大的范围进行观察才能把握事实

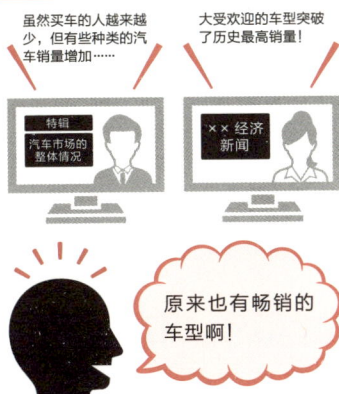

 仅凭一个关键词容易做出错误的判断

尝试"电梯测试"

▍尝试"电梯测试"

如果你觉得只在大脑里思考难以搞清楚问题,不妨试着将"问题的核心"说出来。

那么,你能否在30秒内将"问题的核心"说清楚呢?正如我在前文中说过的那样,"真正的问题"都是简洁的。

为了做到这一点,可以试一试名为"电梯测试"的在短时间内进行说明的方法。在搭乘电梯的短时间内(一般30秒左右),将"问题的核心"简洁明快地说清楚。

如果你能够在30秒内将包括问题点、解决办法、执行方法在内的"问题的核心"都说清楚,那么对方也能够在瞬间做出判断。也就是说,如果你得到了对方迅速的回复,那么就说明你把握住了"问题的核心"。

把握"问题的核心"就能在 30 秒内传达清楚

问题点：关于 A 公司的新商品提案，采购价格是交易成立的关键

解决办法：想对价格进行 10% 的调整

执行方法：在部门间进行调整如何？

能够瞬间做出判断

YES!!

简洁清楚地说出"问题的核心"

第二讲义 麦肯锡 提高解决问题能力的思考法

必修练习　请将正确答案填入空白处

1. 不能只看眼前解决问题，还要有长远的打算， A 解决问题。

2. 养成 B 和 C 的习惯，就能够使思考变得更加敏锐。

3. 在开始思考之前先明确 D ，可以更容易找到真正的问题。

4. 不但要考虑到 E ，同时也要搞清楚 F 。

5. 区分 G 与 H 才能发现"真正的问题"。

6. 以 I 为基础进行思考，就能够做到不偏不倚的思考。

7. 抓住问题核心的问题，就是放下判断的姿态，以 J 提出的问题。

8. 不从 K 对事物进行观察就容易出现错误。

答案：A 面向未来　B 时时留意　C 定动　D 目标　E 目的　F 约束的"条件"　G 现象　H 重点　I 问题　J 学习的姿态　K 更大的范围

第三讲义 麦肯锡 传达自己意见的技巧

提高自己的说服力

■ 商业交流与普通对话的结构完全不同

"我看杂志的时候忽然想起来,那家咖啡厅的环境真不错,好像还是电影的取景地呢……"

如果对方是拥有相同信息和经历的朋友或家人,这种说话方式或许没什么问题,但在商业交流之中这种说话方式会让对方摸不着头脑。

如果不让对方理解你的想法并产生共鸣,又怎么能说服对方呢?

通过逻辑思考将信息通俗易懂地传达给对方,就像是让自己想要传达的内容搭乘上名为"说服力"的货车。

在进行商业交流的时候必须时刻牢记商业交流与普通对话的结构完全不同。

商业活动中的对话,必须具备以下4个要素:

①交流内容(主题/论点)
②交流目的(结论/主旨)
③这样说的理由(根据)
④必须怎样做(行动)

在开始交流之前必须明确上述所有要素，并且保证能够将其准确地传达给对方。

■ 商业决策不能仅凭一时兴起，而要做到有根有据

比如因为最近行车记录仪的销量逐年递增，在视频网站上分享汽车行驶情况的普通用户也随之增加。

或许有从事汽车销售工作的人会想到通过免费赠送行车记录仪来吸引顾客的促销策略，但先别急着行动。

商业活动中的决策不能仅凭一时兴起，而要做到有根有据，在把握事实的基础上展开逻辑思考尤为关键。

商业交流与普通对话的结构完全不同

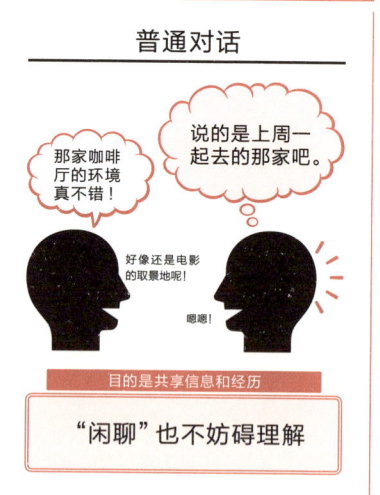

解决问题的 3个要点

1. 在把握事实的基础上展开逻辑思考

2. 商业活动中的对话必须具备交流内容（主题/论点）、交流目的（结论/主旨）、根据、行动

3. 让自己想要传达的内容搭乘上名为"说服力"的货车

进行逻辑展开时的3个关键

■ 利用名为"说服力"的货车时的3个关键

在利用名为"说服力"的货车时,有三点需要注意。

①逻辑有没有漏洞(广度)

作为根据的"事实和信息"是否存在重复和遗漏,是否只选取了对自己有利的部分。

②逻辑有没有深入挖掘(深度)

是否通过"So What(所以呢)?""Why So(为什么)?"对作为课题的主题、作为结论的关键信息、作为根据的事实和信息进行了深入的思考。

③逻辑是否合理(偏差)

即便逻辑经过了深入的思考,仍然需要对逻辑的整体进行检查。通过重复"So What(所以呢)?""Why So(为什么)?",来确认逻辑是否合理。

麦肯锡专家心得 5

麦肯锡的员工有什么样的特征？

麦肯锡的企业文化中有一条叫做"UP OR OUT（持续取得成果，或者离开）"，新员工刚入职麦肯锡的时候都会被这一条压得透不过气来，但每天都和那些不断追求优秀成果的人在一起共事，自然而然地让人也会产生"我也要变得和他们一样"的想法。

据说大前研一先生在入职麦肯锡时，几乎所有的面试官都给了他"无法判定"的评价，只有一个人给的是"非常优秀"。结果他就因为这唯一的肯定而被聘用了。反过来说，与各项都"一般优秀"的人才相比，拥有一个他人无法相比的"非常优秀"的闪光点的人才，更容易被麦肯锡聘用。由此可见，麦肯锡的员工都是优秀而且拥有迷人魅力的人。

■ 利用名为"说服力"的货车加强逻辑性

现在让我们将之前行车记录仪的创意放到"说服力"的货车（此处的图表是金字塔图表）上试一试。

在这个时候，必须注意事实和信息有没有重复和遗漏，逻辑有没有深入思考以及是否合理。

结果如右图所示，加装行车记录仪可以增加车辆驾驶过程中的娱乐要素，以及将充满回忆的影像共享的信息设备要素，这可以使新车对消费者来说更有吸引力。

只提出"通过免费赠送行车记录仪来吸引顾客"可能缺乏说服力，但利用名为"说服力"的货车来加强逻辑性，能够极大地提高说服力。

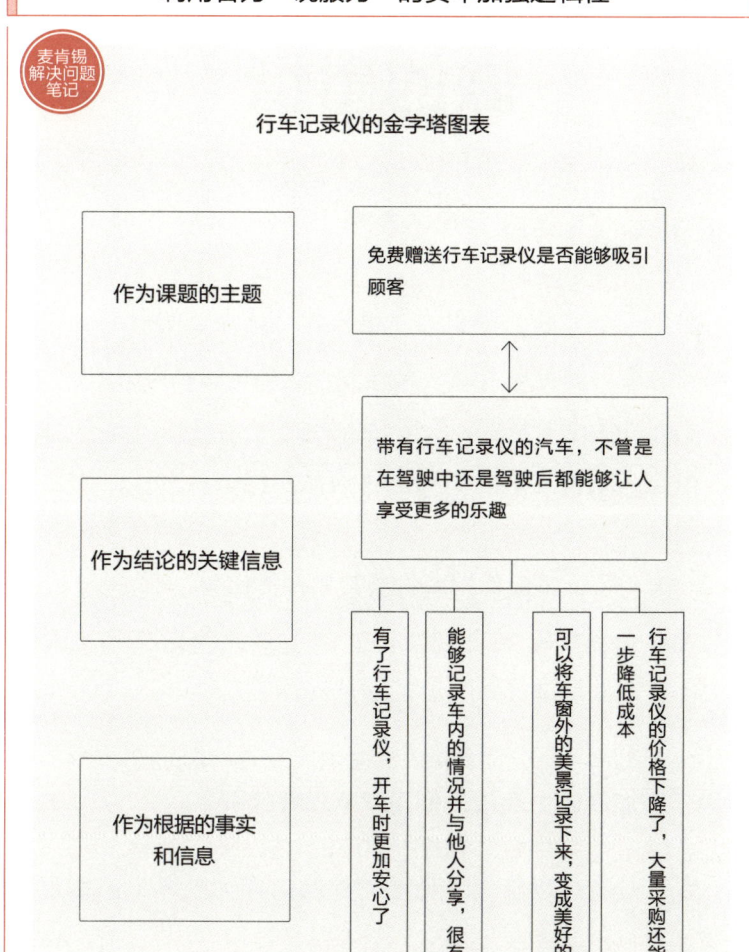

进行逻辑展开时绝不能做的事情

▍绝对不能弄虚作假

对于一个"缺乏吸引力,也没什么优点"的商品,我们可以凭借逻辑思考来增强"说服力",使其能够卖出去吗?

单纯从结论上来说,答案是肯定的。

但是,不管主观上多么想将商品卖出去,利用逻辑思考使原本并不存在的事情看起来好像真实存在一样都是绝对不行的。因为这种弄虚作假的行为是违背道德的。

现在食品安全是全社会都非常重视的问题,其实说白了,这就是将逻辑思考用错了地方的例子。

▍为了增加说服力而错误使用逻辑思考的例子

以"是否可以将成本低廉的注脂肉作为高级牛肉销售"为例。

为了将原本缺乏吸引力,也没什么优点的注脂肉卖出去,根据对自己有利的事实和信息,将注脂肉包装成"主厨推荐的香嫩牛肉",这就会使顾客对注脂肉产生错误的认知

（产生比实际情况更高的期待）。

尽管作为根据的事实和信息是真实的，但这种行为仍然是违背道德的错误行为。

"作为根据的事实和信息"与"作为结论的关键信息"之间绝对不能有违背道德的逻辑偏差。

所以在实际行动之前，一定要仔细思考这样做是否违背道德、违反法律。

解决问题的 3个要点

1. 不要以只对自己有利的事实和信息为根据
2. 不能引导对方产生错误的认知
3. 绝对不能有违背道德的逻辑偏差

为了增加说服力而错误使用逻辑思考的例子

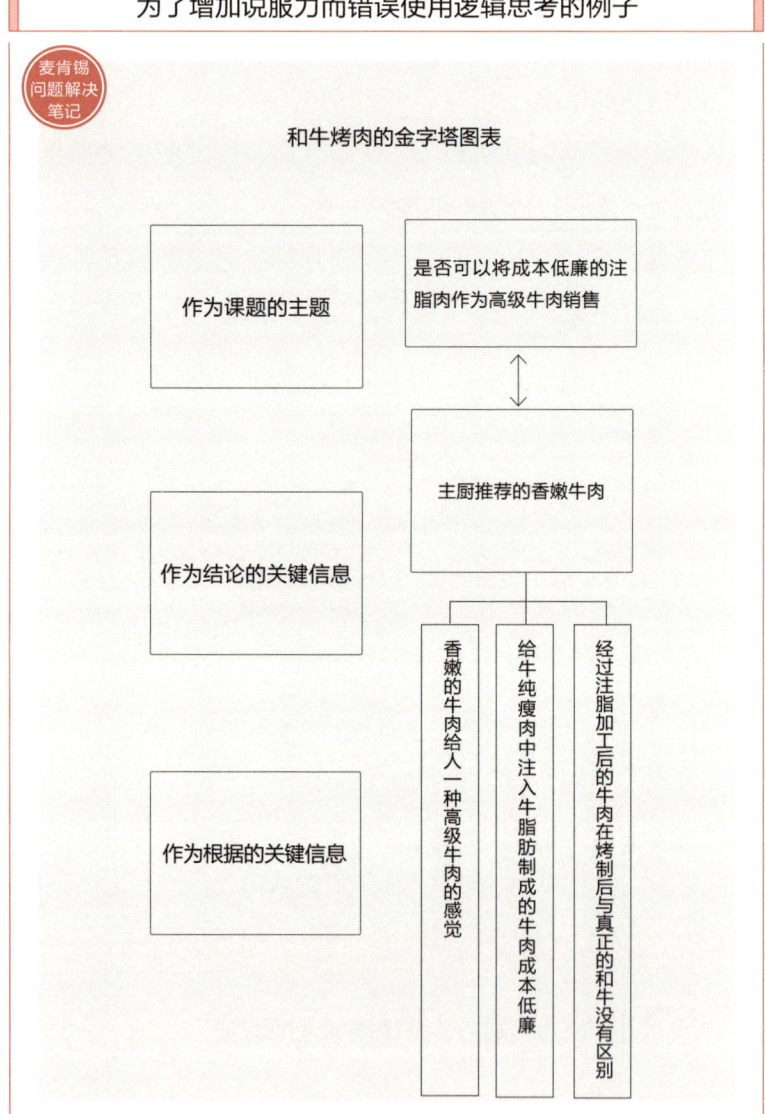

金字塔图表的使用方法

■ 在自己的大脑中实现可视化

在向他人传达自己想做什么，想怎么做的信息时，如果思考的内容过多，可能会出现连自己都搞不清楚自己现在想说什么的情况。

在这种时候，最好的办法就是将自己大脑中思考的全部内容整体地浏览一遍。

而要做到这一点，前文中提到的金字塔图表就是最好的工具。

金字塔图表有两个优点。

一个是能够将自己拥有哪些事实和信息，想要传达什么信息等逻辑结构可视化。也就是说，将自己在大脑中思考的内容变成"砖块"，然后将这些砖块堆积成金字塔，使这整个过程都清晰可见。

另一个是可以向对方解释这种想法是从何而来的，更容易得到对方的理解和接受。因为双方都实现了可视化，所以交流起来自然更加顺畅。

麦肯锡专家心得 6

注重细节、注重视觉

在管理顾问行业,"麦肯锡"是一个响当当的名字。在"麦肯锡"这三个字之中,凝缩了对工作的基本态度、效率、品质等一切的内容。

麦肯锡的管理顾问不管是着装、随身物品,甚至在客户面前使用的一支钢笔都必须彰显专业气息,绝对不能马虎了事。

虽然这些视觉上的因素对工作内容并没有帮助,但注重细节,重视给对方留下的印象,这种工作态度不但关系到工作的品质,也会对客户的心理产生影响。

在体现品牌影响力这一点上,"麦肯锡"在说明资料上也随处可见。关于说明法我将在第五讲义中做详细的介绍。

▍金字塔图表的展开方法

下面我们以"是否应该实行新服务"为主题展开金字塔图表。

在"课题主题"的正下方就是想要传达的关键信息。再下方则是组成金字塔的"砖块"部分,也就是"思考""根据""方法"等逻辑内容。

通过金字塔图表,我们可以明确课题主题,使作为结论的关键信息和导出结论的思考与根据一目了然。

麦肯锡图表思考法

通过金字塔图表对自己大脑里的思考进行整体浏览

麦肯锡问题解决笔记

课题主题
是否应该实行新服务

关键信息
应该具体推进新服务的实行

市场的吸引力
市场的成长率和潜在发展性很高,未来将对收益有所贡献

- 现在市场规模已经扩大到××亿日元
- 今后还将有每年10%的成长空间
- 新服务的利润率有望超过现有服务的利润率

竞争优势
可以利用自己公司已有的技术迅速垄断市场

- 已经拥有新服务所需的技术
- 能够进一步提高自身的优势
- 其他竞争对手尚未进入这一领域

自身状况
公司内外的合作体制已经齐备,可以迅速开始服务

- 策划活动中
- 公司内部有很多优秀的人才都参与到新服务的
- 新服务能够与网络媒体联系起来

怎样说明才能提高说服力

■ 做到简单易懂的四要素与说明顺序

要想使自己说的话简单易懂、有说服力,除了思考方法之外,说明方法也很重要。

如果说逻辑思考是在进行传达之前的思考方法,那么在进行传达的时候,同样需要基于逻辑思考的说明方法。

如果你想要传达的内容没能顺利地传达给对方,那么很有可能是缺少了以下4个要素,或者搞错了说明的顺序。

①不知道究竟在说什么,缺少主题

②不知道最想说什么,缺少结论

③不知道基于什么事实与解释,缺少根据

④不知道希望怎么做,缺少行动

在传达内容的时候,必须按照"主题→结论→根据→行动"的顺序来进行说明。

■ 正确的说明方法与错误的说明方法

让我们来看两个说明方法的例子。

错误的说明方法:

"我认为要想提高效率需要用到云服务。我推荐D公司。我现在就在用。"

这种说明方法只能让对方知道你现在正在用D公司提供的云服务，但对于你究竟想说什么、想让对方怎么做一概不知。

正确的说明方法：

"关于导入云服务这件事……"（主题）

"我认为D公司的云服务最合适。"（结论）

"因为可以免费使用很大的容量，安全性很高，备份作业也很有效率。"（根据）

"如果没问题的话，我认为应该立刻进行导入准备。"（行动）

这种说明方法的说服力是不是和之前完全不一样了呢？

解决问题的 3个要点

1. 按照逻辑顺序说出4个要素，就可以提高说服力

2. "主题→结论→根据→行动"的4个要素必不可少

3. 只要采用基于逻辑思考的说明方法，就能够将想要传达的内容传达出去

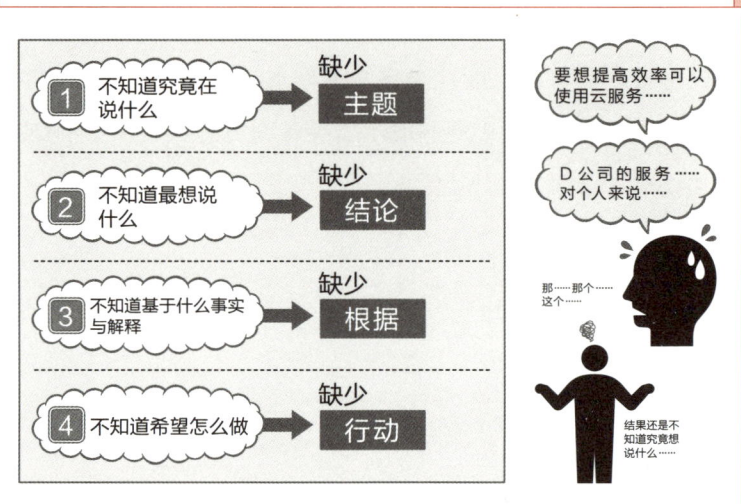

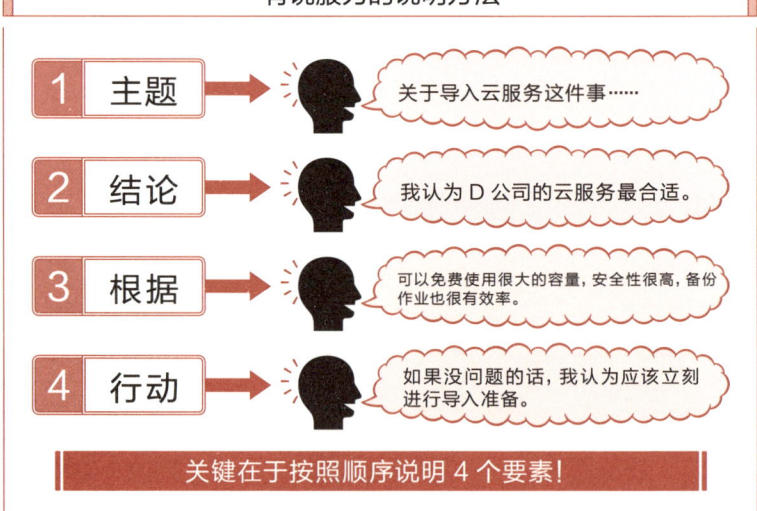

"没问题"并非真的没问题

■ 毁灭逻辑的 5 个不当用语

在进行说明的时候,可能会不小心说出"5个不当用语"。

这5个不当用语有可能给你的逻辑造成毁灭性的打击,所以必须特别注意。

不当用语①"我认为"

在说明自己的意见时,必须有客观的理由作为根据才行。也就是说,必须客观且具体地进行说明。

不当用语②"不行"

在拒绝对方的时候,必须具体指出哪个部分存在问题,相应的根据以及应该怎样做,否则就像小孩子发脾气一样毫无说服力。

不当用语③"我知道"

在对方说得对但不想赞同对方时,往往会说出这句话。

比如家长说"迟到可不好啊",孩子回答"我知道"。

其实在这种情况下对方想确认的是"今后的对策"。所以应该具体地说出今后应该怎样做。

不当用语④"那你说怎么办"

对方提出问题时，自己不做出回答，反问对方应该怎么办。在这种时候应该<u>问清楚对方的理由</u>。

不当用语⑤"没问题"

如果对方问："找你商量点事可以吗？"你回答："没问题。"那么真正的意思是什么呢？是说"没问题，不需要商量"，还是"一会儿再商量"，或者"不想商量"呢？

<u>用只有自己才明白的含糊词语，会导致自己说的话缺乏逻辑</u>，必须避免出现这种情况。

麦肯锡专家心得 7

绝对不能将问卷调查当成工作内容

在工作现场，如果不能活用解决问题的技巧引出有附加价值的信息，就无法交出令顾客满意的工作成果。

比如在活动现场进行问卷调查时，单纯对参与者的行动进行观察或者对参与者进行采访。这种机械性的问卷调查没有任何意义。

关键在于麦肯锡的"So What（所以呢）？"思考法。

问卷调查本身并非目的，关键在于通过问卷调查获得有价值的分析结果，并根据其采取行动。

| 第一讲义 | 第二讲义 | **第三讲义** | 第四讲义 | 第五讲义 | 特别讲义 |

第三讲义 ｜ 麦肯锡 ｜ 传达自己意见的技巧

必修练习　请将正确答案填入空白处 ☐

1. 不能仅凭一时兴起，而要做到有根有据，在 [A] 的基础上展开逻辑思考。

2. 商业活动中的对话，必须具备 [E]、[B]、[C]、[D] 这4个要素。

3. 要想提高说服力，必须注意逻辑有没有 [G]，逻辑是否 [H]，逻辑有没有 [F]。

4. 根据与结论之间绝对不能有 [I]。

5. 绝对不能误导顾客，导致顾客产生 [J]。

6. 利用 [K] 可以使逻辑结构可视化，更容易得到对方的理解。

7. 在传达内容的时候，必须按照 [N]、[O] 的顺序来进行说明。[L]、[M]、

8. 在进行说明的时候，必须小心毁灭逻辑的 [P]。

A.论据重要性 B.主题 C.结论 D.根据 E.(行动) F.漏洞 G.深入挖掘 H.合理 I.跳跃 J.误解或歪曲的含义
J.误解以知 K.金字塔图案 L.主题 M.结论 N.根据 O.(行动) P.5个不当用语

82

第四讲义

麦肯锡

在项目中取得成果的能力

在限定时间内取得成果

■ **不被环境影响，将个人的力量发挥到极限**

麦肯锡在有工作任务的时候，会临时召集成员组成一个项目组，在限定时间内取得工作成果。

因为每次项目组的成员都不一样，所以每个人都要做到不被环境影响，将个人的力量发挥到极限，这也是当今时代必不可少的工作能力。

即便没有人事无巨细地进行指导或者给出指示，也必须取得圆满的成果。

在工作的过程中难免会遇到困难和问题，这个时候需要自己寻找解决办法，建立假设，进行验证，找出正确的答案。

只要拥有顽强的意志，能够发挥出主观能动性，那么不管在任何环境下都能够完成工作。

在工作中不能将人际关系作为工作的重心，而要将"能够取得怎样的结果"作为工作重心，为了取得令人满意的成果而努力思考和采取行动。

将个人的力量发挥到极限

不要将人际关系作为工作的重心

不管面对任何问题都要发挥主观能动性

不管在任何环境、与任何成员在一起都能够正常工作

将"能够取得怎样的结果"作为工作重心

取得令人满意的成果

不被环境所影响，磨炼当今时代所必需的工作能力

和不喜欢的人也能够产生共鸣

■ 找出对方身上值得尊重的地方

你是否遇到过因为不喜欢某人,导致问题迟迟得不到解决的情况?

有一种方法可以让这种感情问题不会对工作的品质造成影响。

不管对方是什么人,只要你掌握了足够的信息,都能够与其产生共鸣。

所以,首先要了解对方究竟是什么类型的人。最好的办法是先试着找出对方10个优点,或者值得尊重的地方。

在发现能够与对方产生共鸣的地方之后,即便你仍然不喜欢对方,但至少也能够和对方"共享"问题。

而在合作解决问题的过程中,你或许会发现对方更多的优点,从而彻底改变你之前的看法,让工作变得更加轻松。

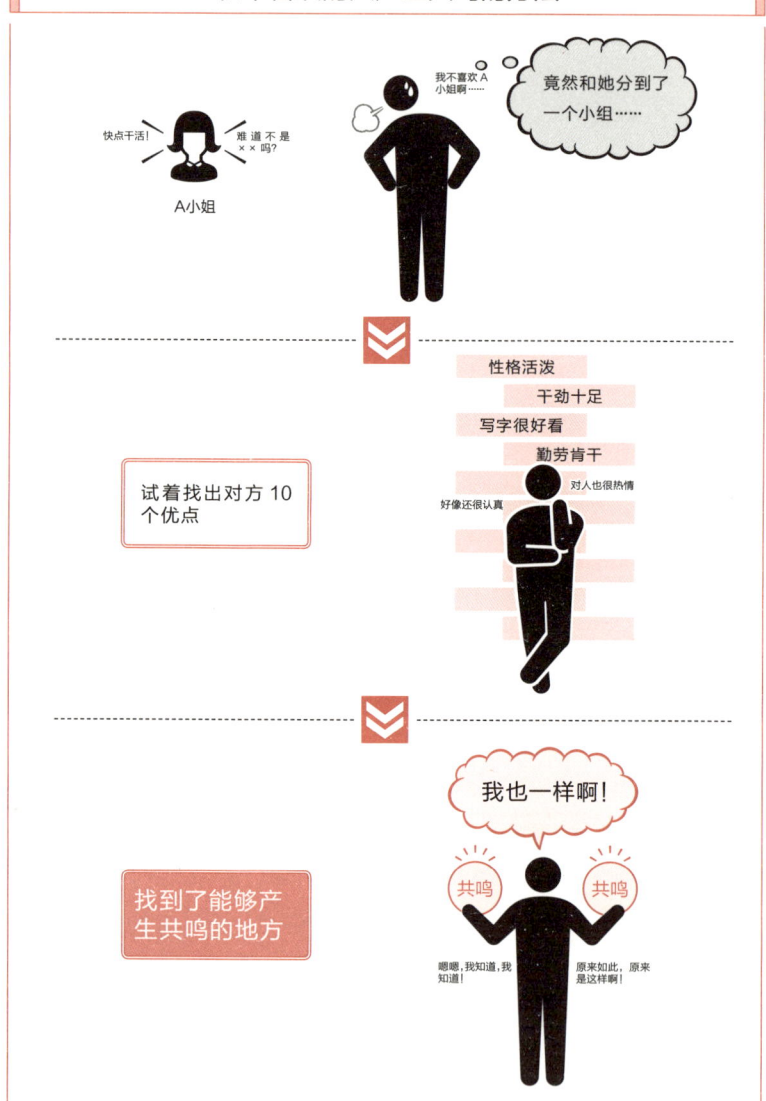

在被问到之前先报告

■ 根据对方的类型选择合适的"报告、联络、商谈"方法

在麦肯锡,事先进行"报告、联络、商谈"是理所当然的。

为什么上司如此重视"报告、联络、商谈"呢?因为事先进行确认,可以保证工作的内容不会出现偏差,从而使人取得最大的工作成果。

而在上司询问"情况怎么样"之前,自己先主动进行报告尤为重要。

不过,最近不擅长与上司进行交流的年轻人好像越来越多。

这样的年轻人,首先应该仔细观察上司属于哪一种类型。

如果上司属于沉稳型,那么你在工作没完成的时候就去报告进度,对方很有可能会让你等工作全都完成之后再来统一汇报。

如果上司属于激进型,那么可能会要求你随时汇报工作进度。

搞清楚上司的类型,选择合适的"报告、联络、商谈"方法,可以使你得到上司的认可。

与其抱怨上司,不如多思考一下怎样对上司进行管理才好。

■ 坚信"任何事情都有解决的办法"

我在麦肯锡工作的时候有一位同事，他将需要决策的内容写在便笺上，然后拜托秘书将便笺转交给大前研一先生，从而使超级繁忙、整天不见踪影的大前研一先生能够及时地对他提出的问题作出回应。

这位同事就摸清了大前研一先生的性格，知道大前研一先生喜欢一目了然的内容。

我在对方很繁忙的时候，会采用利用出行时间进行交流的方法。

只要明确目的，把握问题的核心，总会有解决问题的办法。

根据上司的类型选择合适的"报告、联络、商谈"方法

沉稳型上司

都完成之后统一汇报。
过程就不用说了。

关于××的情况……

为了避免出现以上情况
等工作全部完成后统一进行汇报

激进型上司

为什么之前没说？
不及时汇报可不行啊。

为了避免出现以上情况
随时汇报工作进度

即便上司非常繁忙，也要想办法进行汇报

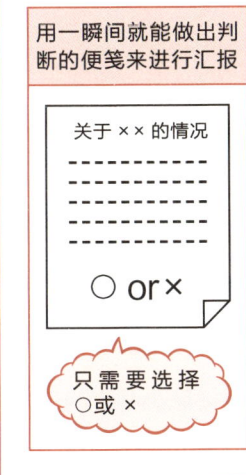

解决问题的 3个要点

1 在上司询问"情况怎么样"之前，自己先主动进行报告

2 根据上司的类型选择合适的"报告、联络、商谈"方法

3 不管对方有多忙，都应该试着找到接触的方法

提高自身存在感的方法

■ 一味地强调和宣传自己并非提高存在感的好方法

在团队中工作的时候,很多人都希望能够提高自身的存在感,发挥自己的能力,但一味地强调和宣传自己,并非提高存在感的好方法。

有的人只要在场就会使其他人感到安心,这种人有一个共同点,那就是从不过分地强调和宣传自己,但对于自己的工作总是能够圆满地完成。

在入职麦肯锡的第一年,所有的新员工都会学到拥有开放的心态的重要性。尽量不要拒绝其他的人和事,将精力集中在工作上。这样一来,即便你没有对自己进行任何宣传,大家也一样能够注意到你的存在。

身为上司,也不必一味地强调自己的地位,只要秉持开放的心态,多和下属交流,自然能够赢得大家的信赖。

不要被"领导的责任"束缚

▎身为领导也不能迷失自我

似乎有不少人都因为"领导的责任"而感到非常苦恼,认为自己既然身为领导就"必须做到……"。

但如果过于拘泥于"领导的责任",就会忽视自己真正应该做的事情,甚至迷失自我。

麦肯锡的领导,给人的感觉就像是一个经纪人,而经纪人的职责是让自己手下的每一名下属都能够发挥出最大的能力。

如果问"什么是领导能力",具体说来包括以下三个要素。第一个是做出决定的判断力,第二个是团结所有相关人员的凝聚力,第三个是落实到具体行动上的执行力。

将领导能力分解成具体的要素之后,我们就会发现,要想发挥领导能力,需要做的事情和提高自己的工作能力与存在感的方法是完全一样的。

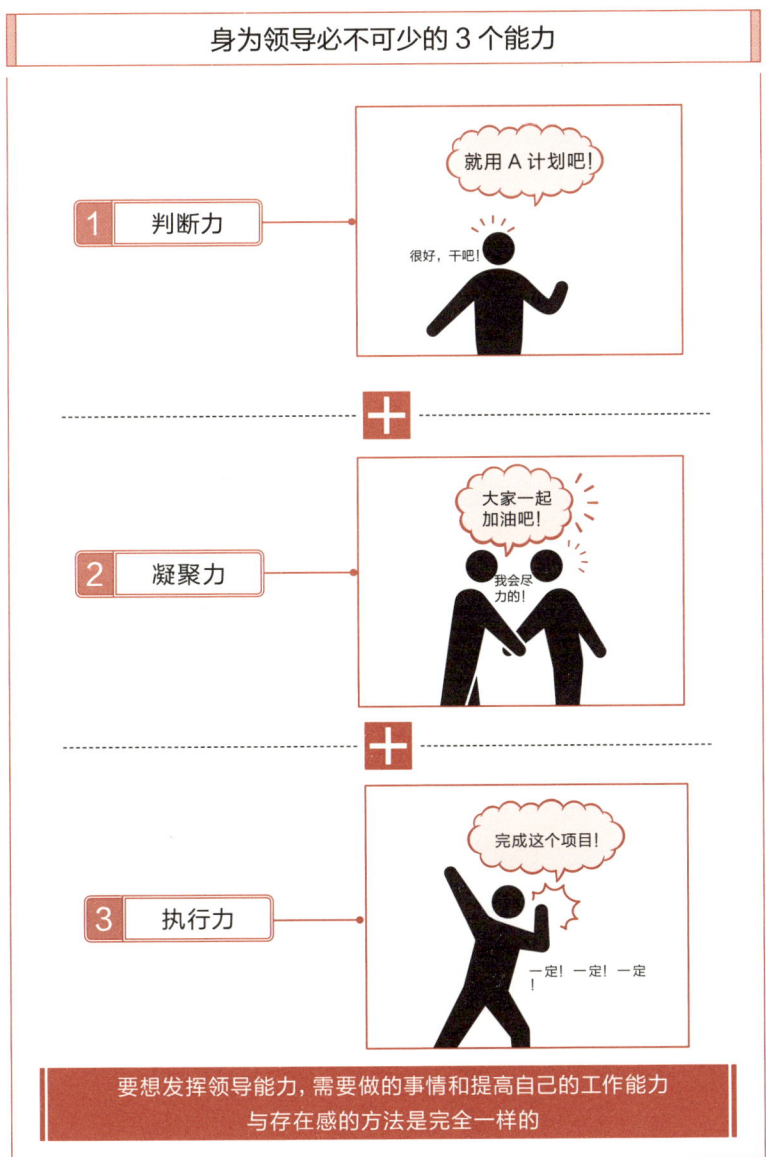

不要独自完成工作

■ 遇到不懂的内容多向其他人请教

在麦肯锡，如果工作上遇到困难或者烦恼，可以随时向周围的人请教或者寻求帮助。而且，在他人的帮助下，工作往往能够取得更好的成果。

最近似乎越来越多的人认为向别人请教自己不懂的内容很丢人。

但在解决问题的时候，向别人请教自己不懂的内容并不是什么丢人的事情，明明不懂却不想办法搞清楚才是丢人的事情。

对不懂的内容置之不理，被别人问起时只能回答"不知道"，不但很丢人，而且对自己和他人都没有任何好处。

我认为，遇到不懂的内容应该敢于向他人请教，这种求知好学的态度是取得好成果的关键。

有烦恼或困难的时候向周围的人寻求帮助

 遇到不懂的内容马上向其他人请教

 即便有不懂的内容也全都自己解决

设计工作

▌利用"思考的4P"和甘特图来把握关键要素

一旦项目开始,首先要明确自己的责任、需要解决的问题以及时间期限,然后与上司就这些内容达成共识。

为了达到这一目的,首先要制作一份名为"甘特图"的项目管理表,将在什么期限内完成什么工作都整理出来。

我在检查自己是否准确把握项目要素的时候,最常用的图表就是"思考的4P"。

只要按照"思考的4P"来整理和制作甘特图,就可以对自己的工作项目进行合理的安排。

同时还能够保证项目的关键要素不重复、不遗漏。

| 给自己应该做的事情制订详细的计划 |

| 思考的 4P |

Purpose
（目的）

Position
（定位）

Perspective
（观点）

Period
（期限）

根据以上4个要素进行验证，能够保证关键的要素不重复、不遗漏

| 甘特图 |

名称	开始时间	结束时间						
○○○○	x月x日	x月x日						
□□□□	x月x日	x月x日						
△△△△	x月x日	x月x日						
◎◎◎◎	x月x日	x月x日						
◇◇◇◇	x月x日	x月x日						
▽▽▽▽	x月x日	x月x日						
・・・・	x月x日	x月x日						
☆☆☆☆	x月x日	x月x日						

能够对作业项目和执行天数进行管理，对项目整体情况一目了然

坚持"刨根问底"

■ 通过"刨根问底"拓展思考的广度

在项目组成员迟迟无法取得成果的时候,不妨提出"最在意的内容是什么""最根本的目的是什么"之类的问题,这对于打破僵局十分有帮助。

以前我在和团队成员讨论"什么样的组织体制好"这个问题时,大家迟迟想不出好的答案。

于是我提出了以下两个问题:"我们究竟想要做什么?再来看一下业务流程吧。""最能够发挥业务流程效果的组织体制是什么?"结果有人提出"通过团队组织来进行运营效果最好",极大地推进了讨论的进程。

通过"刨根问题"的思考方法,可以拓展思考的广度,从而发现之前没有发现的新想法和新创意。

■ 自问"真正想做的事情是什么"

在计划进展不顺利的时候,也可以自问"这项计划是不是我真正想要做的"。

因为进展不顺利可能是因为存在着"被别人要求所以才

利用"刨根问底"来推进工作

讨论的内容：什么样的组织体制好？

进行"刨根问底"的思考

最在意的 内容是什么？

最根本的 目的是什么？

"刨根问底"的课题是"思考最能够发挥业务流程效果的组织体制"

新的想法

通过团队组织来进行运营效果最好

通过"刨根问底"可以拓展思考的广度

做""自己其实并不想做"之类的不情愿因素。

人类对于自己认为真正有必要的事情,肯定会毫不犹豫地去做并且能够顺利完成。

所以当总是出现失败,进展不顺利的时候,不妨试着自问"这究竟是不是我真正想做的事情"。

只要将这种思考方式变成习惯,就能够将精力都集中在真正想做和能做的事情上。减少工作中的烦恼,让工作变得更加轻松。

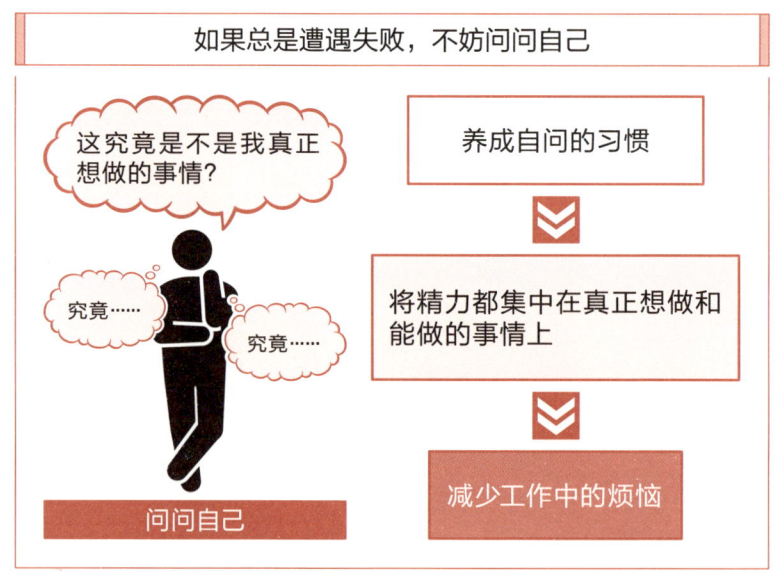

麦肯锡专家心得 8

成为拥有独特视角的"工匠"

工作的品质高低实际上完全取决于自己。就像一个专业的工匠绝对不会将自己不满意的作品呈现给别人看一样,决定工作品质的人是我们自己。

一个有工匠精神的人,并不意味着他不苟言笑、难以接近。

在麦肯锡,有很多待人热情、才思敏捷,甚至还会画有趣漫画的"工匠"。

但是,当开始工作的时候,他们就会立刻将精力全都集中在工作上面。他们从不会标榜自己,而是将自己的价值全都寄托在工作成果上……麦肯锡就是一个由这样的"工匠"组成的公司。

设计会议

▎控制会议内容与进程

要想顺利地取得工作成果，就必须在事前对会议进行"设计"。

会议的目的是保证项目朝着目标方向顺利前进。那么在会议上，就必须把握当前的状况，这样才能保证项目顺利进行。

会议也是有成本的。如果按照参加者的"时薪×会议时间×人数×场地成本"来进行计算，就会发现举办会议要消耗大量的资金。所以每次会议都要取得相应的成果才行。

麦肯锡的会议提倡利用"从零开始思考"为项目的顺利进行做出贡献。所以在会议上，每个人都要思考"最本质的问题是什么""最本质的课题是什么"。

▎设计能够取得成果的会议

要想使会议取得理想成果，必须事先对会议进行设计。另外，明确会议的目标，并且事先与参与者共享也很重要。

在设计会议时，可以活用一些图表。比如，为了使可

控制会议内容与进程

能出现意见对立的会议现场变成讨论现场，不妨尝试一下"3C"图。

在这个"3C"图中，讨论场所就是"Customer"，讨论参与者是"Competitor"，而自己则是"Company"。接下来让我们试着改变会议现场。

就好像不同的"Customer"可能会提出不同的想法和创意一样，有时候只是简单地变换一下会议场所，或许也能够发现全新的价值。

比如提出"这次不去会议室，去公司旁边的咖啡馆开会吧"，这也是设计会议的方法之一。

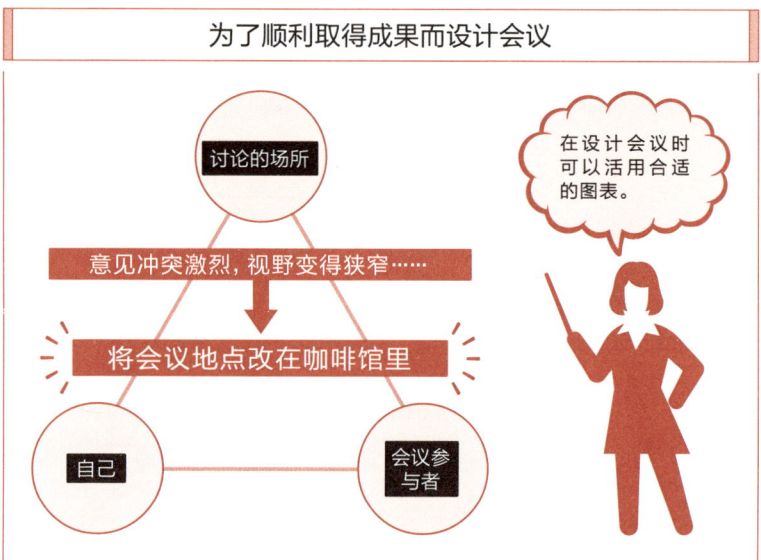

为了顺利取得成果而设计会议

在设计会议时可以活用合适的图表。

解决问题的 3个要点

1 与所有参与者共享会议的目标

2 每次会议都要取得相应的成果

3 只有在会议上取得成果，才能成功实现项目目标

不说"我",说"我们"

■ 用"我们"增强凝聚力

"我认为当前最重要课题是……"和"我们面对的重要课题是……"这两种说法,哪一种更容易引起他人的共鸣呢?

在会议上,并不是每个参与者说完自己的想法就完事了,而是要让自己的意见得到其他人的支持和接受。

与"我"相比,"我们"更容易激发他人的共鸣。

也就是说,重要的并不是自己主张什么,而是通过自己提出的意见和疑问,刺激大家积极思考如何取得更好的成果。

然后让所有参与者都持有"大家一起努力取得成果"的态度。

我在麦肯锡学到的一个宝贵经验就是,只要换一种说法,就可以极大地改变最终的结果。

用"我们"来获得共鸣

◎ 用"我们",使发言获得所有参与者的共鸣

✕ 用"我",容易使发言变成个人的主张和见解

活用图表，提出高质量的问题

■ 用图表导出"正确的提问"

怎样才能提出高质量的问题？是否能够通过提问把握"问题的核心"？麦肯锡要求员工在提问的时候一定要意识到上述内容。

因为只有将解决问题的图表应用在提问上，提出"正确的问题"，才能够得出正确的答案。

只需要这样一个提问，就可以彻底改变会议现场的氛围。在僵持不下的局面中，一个直逼问题核心的"高质量的问题"，能够开拓大家的视野，刺激大家的思维。

如果在提出问题之后对方没有任何反应，那么有可能是因为这个问题"没有问到点子上"。

让我们将本书多次提到的"3C"图应用到提问上。

使用图表提出高质量的问题

使用"3C"图,有助于提出直逼问题核心的高质量问题!

关于顾客的提问

顾客 Customer

自己公司 Company

竞争对手 Competitor

- 我们公司对顾客来说有什么优势?
- 顾客对我们公司有什么需求?
- 如果你是顾客,对我们公司有什么期待?

第四讲义 | 麦肯锡 | 在项目中取得成果的能力

必修练习　请将正确答案填入空白处

1. 在工作中不能将人际关系作为重心,而要将『 A 』作为重心。
2. 即便不喜欢对方,但只要关注 B ,也能与其产生共鸣。
3. 根据上司的类型选择合适的『 C 』、『 D 』、『 E 』方法。
4. 不要过分强调自己的存在,拥有 F 尤为重要。
5. 身为领导必须拥有 G 、 H 、 I 。
6. 坚持『 J 』,能够发现遗漏的问题点和新的创意。
7. 对会议进行『 K 』,让所有参与者共享会议目标。
8. 使用『 L 』图,就能够提出直逼问题核心的高质量问题。

答案：A 精益取得成果的能量　B对方的优点　C语言　D联络　E商谈　F不张扬的恣态　G判断力
H 领导能力　I执行力　J回顾思因素　K论点　L3C

第五讲义

麦肯锡说明法

说明必不可少的三要素

■ 说明会需要说明者与听众一起完成

一般人对说明会的印象都是，一个人在台上照着资料进行说明，其他人在台下听讲。这种形式的说明会，说明者从一开始就给出了最终的答案，听众只是被动接受。

但是，真正的说明会，应该是由说明者通过说明来促进听众的思考，然后双方一起来做出最终的决定。也就是说，说明会并不是由任何一方单独完成的，而是由说明者和听众一起完成的。

麦肯锡要求说明会必须能够促进听众的思考，也就是说明者与听众之间必须能够产生同感与共鸣。

■ 说明会不能只说想说的内容

那么，怎样才能使说明者与听众之间产生共鸣呢？首先需要了解一下说明必不可少的三要素。

- 制作说明资料
- 让资料可视化
- 进行说明

还有一点非常重要,那就是必须真正希望与对方产生同感与共鸣。

只说自己想说的内容,这种行为根本不能被称为"说明"。在准备说明之前,先问一问自己:"我真心希望与对方产生同感与共鸣吗?"如果答案是肯定的,那么再开始为说明做准备也不迟。

能够产生共鸣的说明方法

自问自答

我真心希望与对方产生共鸣吗?

嗯…… 是不是呢?

如果答案是肯定的

集齐说明三要素

很好,开始吧!

让资料可视化
制作说明资料
进行说明

麦肯锡专家心得 9

不要只顾着解决眼前的问题

在遇到问题的时候,我们很容易将注意力只集中在眼前的问题上。但是,只要稍微抬高一些视角,就能够从"现象的边框"中挣脱出来,发现在现象层面看不见的"真正的问题"。

在很多时候,我们认为是问题的事情,实际上并不是真正的问题。在解决问题的时候,我们的注意力集中在什么地方,这个地方就会活性化。尽管解决问题很重要,但更重要的是找出什么才是"真正的问题"。

不要一开始就使用 PPT

■ 首先要搞清楚内容

在进行说明之前,很多人都会从制作PPT开始,但我并不推荐这种做法。在开始制作PPT之前,应该先在自己的大脑里将问题的实际情况、发生问题的原因,以及自己的提案都整理一遍。

只有在自己搞清楚事情的来龙去脉,保证条理清晰之后,再制作PPT,才能将信息准确地传达给对方。这样进行说明的时候,听众也能够感觉到你是真的把握住了问题的核心。

■ 说明的内容要让听众知道哪部分最重要

在制作说明资料的时候,内容十分关键。因为说明者必须用简洁明了的语言将问题的核心传达给听众。

比如要重新制订商品战略,首先要搞清楚以什么为核心,是价格战略,还是市场营销,或者产品线。只有搞清楚核心,接下来才好继续行动。

这就和种植蔬菜一样,要及时地将发育不好的果实摘

掉,才能让营养都集中到最好的果实上,从而取得最好的成果。

在商业活动中,你最想培养的"果实"就是核心。但是,突然告诉对方"我最想培养这个果实",对方可能很难一下子搞清楚是怎么回事。

所以,必须条理清晰地向对方说明,你为什么最想培养这个果实,获得对方的理解和接受。

内容要明确问题的核心

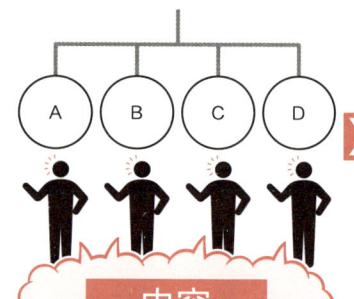

解决问题的 **3个要点**

1 在使用工具制作资料之前，必须先搞清楚内容

2 内容必须明确问题的核心

3 说明的内容要让听众知道哪部分最重要

使用金字塔图表

■ 便于理解逻辑的金字塔图表

麦肯锡经常使用金字塔图表来制作和整理说明内容与资料。

金字塔图表的底层由大量的事实组成,在事实的上方则是理由。而在金字塔图表的顶端,是基于事实和理由得出的提案。

如果金字塔图表中的事实不够翔实,那么位于其上方的理由和提案显然也都站不住脚。

以"矿泉水销售"的金字塔图表展开为例。通过这个金字塔图表,人们可以逻辑清楚地看出是否应该进军矿泉水销售市场。

■ 将想说的内容具体地总结成一段话

或许有人苦于无法将自己想说的内容逻辑清晰地表达出来。

这样的人,可以首先试着将想说的内容总结成一段话,字数最好控制在100字以内。

| 第一讲义 | 第二讲义 | 第三讲义 | 第四讲义 | **第五讲义** | 特别讲义 |

利用金字塔图表整理说明资料

麦肯锡解决问题笔记

是否应该进军矿泉水市场

矿泉水市场规模稳定成长。没有占据压倒性市场份额的商品。

如果能够在相同的价格区间推出具有较高功能性的商品,即便是新加入的企业也能够获得市场份额。

另外,如果利用本公司现有的销售渠道,还可以和其他商品产生相乘效应。

因此,本公司应该进军矿泉水市场。

- 市场成长率高,如果能够推出具有较高功能性的商品就能够获得市场份额
  - 具有一定成长性的稳定市场
  - 市场的潜在规模很大,未来有很高的成长率
  - 顾客不重视品牌,更重视功能性

- 虽然竞争对手很多,但都没有压倒性的市场份额
  - 竞争对手没有占据压倒性市场份额的商品
  - 竞争对手在同价格区间没有功能性较高的商品

- 能够活用本公司的优势
  - ××的技术可以应用于矿泉水开发
  - 能够利用本公司现有的销售渠道
  - 能够实施和××商品捆绑销售的战略

要想做到这一点，关键在于去掉所有多余的说明和解释。因为一旦开始思考说明和解释，就会对真正想说的内容造成影响。

另外，尽量用具体而非抽象的语言来进行表达也很重要。比如你想说"推行崭新的战略是取得成功的关键"，那么就应该简单且具体地解释一下什么是"崭新的战略"，否则难以得到对方的理解和接受。

麦肯锡的信息活用力　　1

信息和数据要找原出处

"完美的工作"是麦肯锡不变的追求。以调查为例，管理顾问在工作的时候必须掌握客户的数据，但难免会出现信息和数据不足的情况，在这种情况下就必须自己亲自去调查和收集数据。

很多人在收集数据的时候，首先想到的都是书籍、杂志、报纸和互联网等媒体，但是这些媒体上的信息与数据都是经过别人编辑加工过的"二次信息"。其中可能有遗漏或故意删减的部分，根本不能作为参考。麦肯锡要求管理顾问在收集信息的时候，"必须找到原出处"，"坚持到现场进行确认"。

"空·雨·伞"的传达逻辑

■ 利用逻辑让自己想传达的内容得到对方的接受

当确定了想说的内容之后,接下来就是利用"空→雨→伞"的逻辑来组织内容。

比如你最想传达的内容是"出门的时候请带伞"。那么首先你需要利用逻辑来组织想要传达的内容。

接下来就是说明理由。之所以要带雨伞,是因为天空突然变得昏暗起来,满是乌云,所以应该带雨伞出门。

也就是说,你想要传达的内容是"天空中有乌云,可能会下雨,所以应该带雨伞"。

■ 理由要选取普遍适用的根据

在选择理由的时候,切记要避免选取那些不得要领与不合逻辑的说明。理由必须是普遍适用的根据才能够成立。

利用"空→雨→伞"框架可以保证理由成立。

为什么在说明的时候要用到这种逻辑关系呢?

因为这样做可以使对方更好理解你说的内容,更容易得到对方的理解和接受。还能证明你说的话并非一时兴起的胡

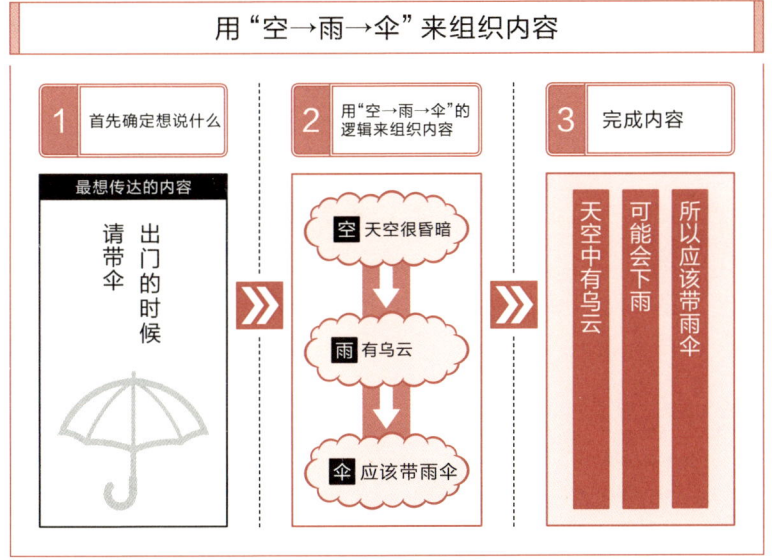

言乱语，而是真实可靠的。

为了锻炼自己的逻辑思维能力，在日常的工作和生活当中可以多利用"空→雨→伞"的框架对未来的发展情况进行预测。

说明必须符合逻辑

解决问题的 3个要点

1 用"空→雨→伞"的逻辑来组织内容

2 理由必须是普遍适用的根据才能够成立

3 利用逻辑关系进行说明,可以使你说的话更有真实感

提炼出信息的结晶

■ 没有提炼出结晶的信息就无法把握问题的核心

要想让客户对你说明的内容产生眼前一亮的感觉,那就必须对想要传达的重要信息进行准确清楚的说明。

反之,如果应该传达的信息没能得到明确的说明,就无法让客户对你的说明产生兴趣。

说明之所以不够吸引人,是因为没有把握住问题的核心,只罗列大量的数据与分析,却没有明确真正想要传达的信息,也就是信息处于未提炼之前的不稳定状态。

没有提炼出信息的结晶,说明你的思考不够深入,没有找到正确的问题及其本质。

■ 母语能力是加深思考的关键

我认为要想加深思考,关键在于母语能力。

利用母语脚踏实地地思考,对于把握问题的核心来说至关重要。

如果忽视母语思考,只顾着学习新的工作法和图表,就好像空中楼阁,缺乏稳定的基础。

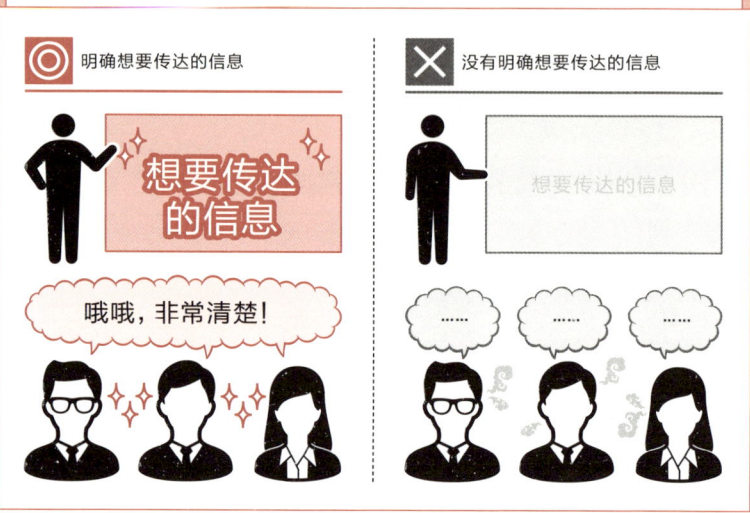

所以应该尽可能多地阅读一些母语的古典名著，让自己不断增加词汇量。大声地朗读美文也是个不错的办法。

除此之外，还可以随身携带一个电子词典，随时随地查阅一些词语的意思。这样一来，你的母语能力一定会得到巨大的提高，这对于加深思考有很大的帮助。

锻炼母语能力的方法与效果

	方法	效果
1	阅读古典名著	○ 增加词汇量
2	朗读美文	○ 利用眼睛和耳朵从视觉和听觉上将信息输进大脑,有助于加深思考
3	随身携带电子词典,随时随地查阅词语的意思	○ 提高母语能力 ○ 加深思考

母语能力是加深思考的关键!

麦肯锡的信息活用力 2

利用信息要尽量"sexy"

在麦肯锡,你经常会听到"这很sexy""那样就不够sexy了呢"之类的发言。这里所说的"sexy",翻译过来就是"让人眼前一亮""很有吸引力"的意思。那么,为什么说利用信息的时候也要尽量"sexy"呢?因为即便是使用同样的信息,取得的成果也有高有低,而导致出现这种差异的就是"sexy"的程度。

比如在思考可乐饮料的竞争对手时,如果只想到碳酸饮料,那就不够"sexy"。要是将茶饮料和健康饮料等都考虑进去,那才是"sexy"的信息使用方法。

简洁有力的"一张图表、一条信息"

▍说明资料要简洁明了

不知道有多少人看过麦肯锡的说明资料呢？本节选取的虽然并不是真正的资料，只是一个样本，但很完美地表现出了麦肯锡说明资料的特点。

这个样本非常简洁明了，让人一目了然。

基本上来说就是"一张图表、一条信息"。一条提炼出结晶的信息，以及与之相关联的用来进行说明的简洁图表。

正因为其简洁明了，所以才能够打动客户。

不只说明资料，当你想要向他人传达信息，或者想通过信息促使他人采取行动时，都应该选择提炼出结晶的信息。

▍说明资料要通俗易懂且具体

现在大家应该都已经知道，说明资料的目的是让对方采取某种有意义的行动。

所以说明资料必须通俗易懂，告诉对方具体应该采取什

麦肯锡的说明资料是"一张图表、一条信息"

"一张图表、一条信息"的基本格式

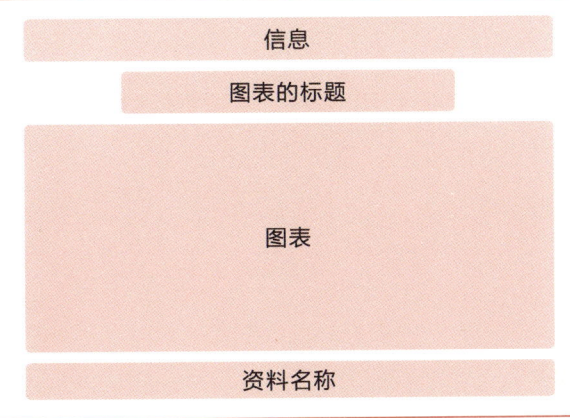

"一张图表、一条信息"的示例

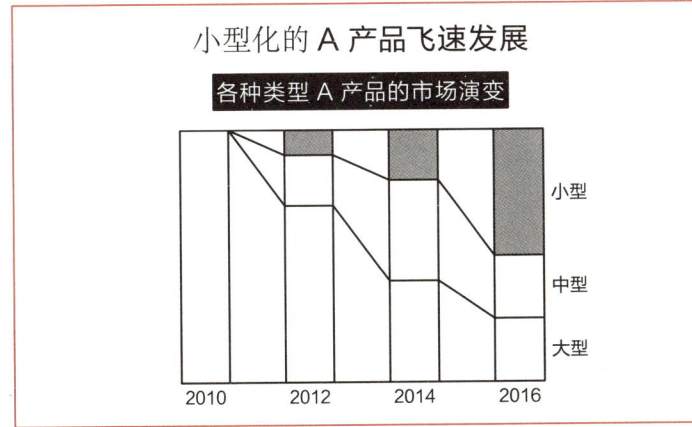

简洁有力的信息最能够打动对方

么行动才能解决问题。

只是空喊"进一步强化××""促进××的发展""对××进行探讨"之类的口号，却不提出任何具体的行动计划是绝对不行的。

比如要将"加强信息收集"落实到行动上，就必须明确采取什么样的信息收集方法，什么时候开始行动，以什么样的态度来行动等要素。

麦肯锡的信息活用力 3

刮大风的话，桶店的生意会怎样？

在利用信息的时候，搞清楚这个信息是否根据"从零开始思考"进行了整理，这个信息对什么人有怎样的意义和价值非常重要。

这种思考方法又被称为"'刮大风的话，桶店老板会赚钱'思考法"。也就是思考如何活用当前的信息，才能实现对方（自己）的愿望。如果只想着解决眼前的问题，那么即便发现刮大风，也只能想到"会有沙尘""天气会变冷"。

但是，如果用发展的眼光来活用信息，比如在想增加旅行箱销量的时候，或许就会想到刮大风天气会变冷，天气变冷人们就愿意去温暖的地方旅游，所以"旅行箱的销量就会增加"。

| 第五讲义 | 麦肯锡 | 说明法 |

必修练习　请将正确答案填入空白处 ☐

1	2	3	4	5	6	7	8
说明会需要 A 与 B 一起完成。	说明会的关键在于必须真正希望与对方产生 C 与 D 。	在制作说明资料之前，必须思考 E 。	将想要说明的内容具体地总结成 F （100字以内），就很容易打动对方。	利用「 G 」的逻辑来组织内容。	要想提炼出信息的结晶，需要锻炼 H 能力。	麦肯锡的说明资料是「 I 、 J 」。	说明资料必须通俗易懂，告诉对方具体应该采取什么 K 才能解决问题。

答案：A=说明者 B=听众 C=同感 D=共鸣 E=用哪种打动方的内容 F=一段话 G=空·雨·伞 H=抽象 I=一张图表 J=一条信息 K=行为

麦肯锡图表入门

特别讲义

时刻坚持图表思考

■ 利用图表能够找到解决问题的线索

在本章之中,我将针对麦肯锡图表阐述特别讲义。

只要图表使用得当,就能够对思考进行深入的挖掘,从而找出解决问题的线索。

另外,是否掌握图表思考法,在解决问题时的效率也大不相同,差距就和在移动同样的距离时,搭乘每个站点都要停靠的火车和搭乘直达飞机之间的差距一样。

使用图表思考法,还能够防止出现"思考的失败"。"仅凭经验进行判断导致失败""思考出现遗漏导致失败""只关注眼前的问题导致失败""以为很重要的内容其实并不重要导致失败"等,只要掌握了图表思考法,上述这些失败都是可以避免的。

图表思考有助于解决问题

1 找到解决问题的线索

多亏了图表才能发现!

这样就能解决问题了!

2 提高解决问题的效率

3 防止"思考出现失败"

消除思考的无用功!

想在整体流程中把握关键要素的时候

"业务系统"框架

■ 将业务必需的要素按照功能分类并整理为整体流程

"业务系统",顾名思义是将开展业务时必不可少的要素按照功能进行分类,并整理为连续流程的框架。

在业务系统之中,首先要输入人力、物力、资金、信息、技术等内容,然后将输入内容交成输出内容(产品和服务等)的流程整理成几个阶段,对实际的行动进行分析,以便采取改善、替换、重新设计等措施。

以饮料生产企业A公司的业务系统为例。与行业普遍的业务系统相比,A公司通过将从物流到批发再到店铺管理的流程整合为渠道销售,取得了业务活动上的成功。通过这个示例图,我们可以看出,导入渠道销售是取得成功的关键。

让需要改善和加强的地方一目了然的"业务系统"

对每一个步骤中实际采取的行动进行分析！

饮料生产企业 A 公司

饮料食品行业普遍的业务系统

开发 〉 生产 〉 市场营销 〉 物流 〉 批发 〉 店铺管理 〉 市场

饮料生产企业 A 公司

开发 〉 生产 〉 市场营销 〉 渠道销售 〉 市场

渠道销售人员负责订货、收货、付款等全部业务

导入渠道销售的销售方法，不但降低了流通成本，还能够准确地把握服务的水平和市场信息。

> 想要分析基本市场战略的时候

"3C" 图

"3C" 图

麦肯锡创造的"3C"图非常出名,想必大家都听说过。

"3C"由"顾客(Customer)""竞争对手(Competitor)""自己公司(Company)"这三个以字母"C"打头的要素组成,是<u>在考虑到自己公司所处的经营环境的基础上,对现状进行分析,发现经营课题和思考战略的框架</u>。

使用"3C"图,不但能够客观把握自己公司的情况,更能够在思考的同时考虑到顾客和竞争对手的意识与行动。从而更便于决定自己公司的定位和应该采取的行动。

"3C"是在考虑到竞争对手和顾客的基础上,对自身战略保持客观性时最常用的基本工具。

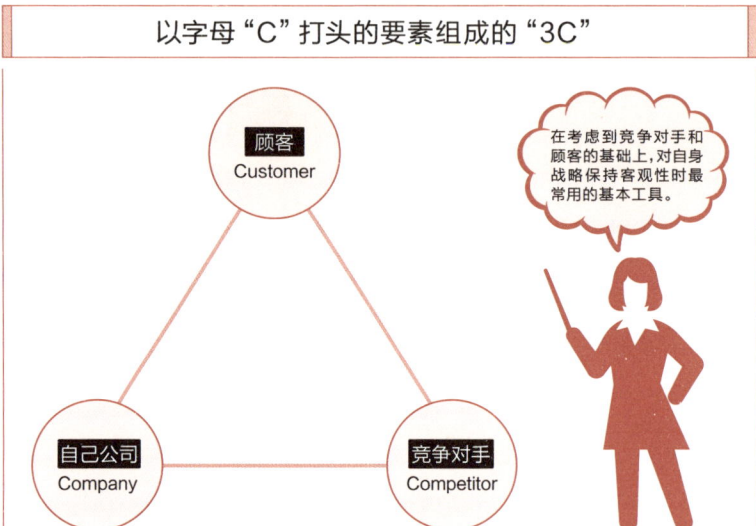

想要对组织进行重组的时候

"7S" 框架

■ 在改变组织的时候最能够发挥作用的工具

想要根据业务和市场的变化对组织进行重组,或者想要重新调整组织发展方向的时候,最能够发挥作用的工具就是"7S"框架。

"7S"框架将组织的组成要素分为"硬件"(Strategy=战略,Structure=结构,System=制度)和"软件"(Style=组织文化,Skill=技术,Staff=人才,Shared Value=共同的价值观)并分别进行分析,然后对硬件和软件之间的互补要素进行改善。

在对组织进行改革时最常见的失败原因就是,虽然针对市场和业务战略的变化对硬件部分进行了改革,但软件部分却没有改变,结果组织只是形式上发生了变化,实际上却没有本质上的改变。利用"7S"框架就可以有效地避免出现上述情况。

对组织的组成要素进行分析的"7S"

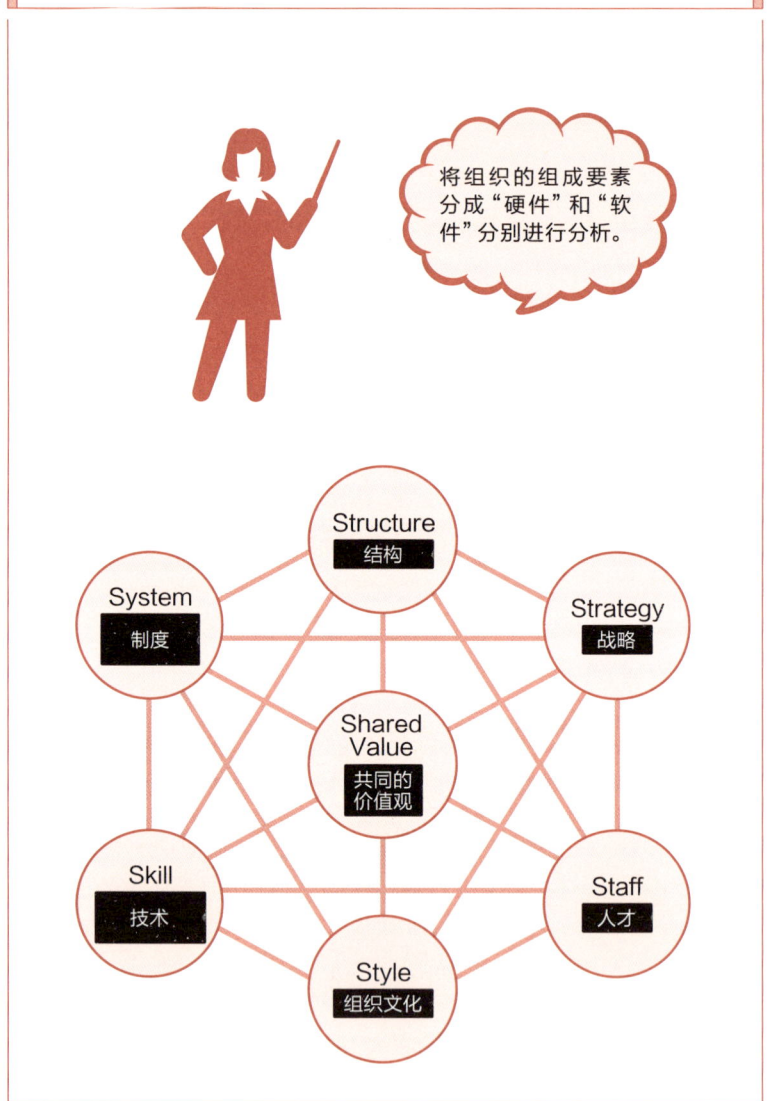

不知道应该怎样选择才好的时候

"定位矩阵"

■ 在开始行动之前先明确优先顺序

"定位矩阵"作为区分紧急度与重要度的矩阵,是在开始行动之前明确优先顺序时非常有效的图表。

为了提高无酒精啤酒的市场占有率而倍感苦恼的A公司,利用定位矩阵对市场调查数据和新产品的定位进行分析。结果发现,消费者认为"无酒精啤酒的口味不够纯正""自然健康成分高的满足不了喝啤酒的感觉",也就是说根本无法生产出完全符合消费者期待的产品。

于是A公司选择避免与竞争对手正面交锋,不再追求生产自然健康的无酒精啤酒,转而开发新商品。结果获得了新的客户群体,成功提高了自身的市场占有率。

A公司就是通过占领矩阵中未开拓的区域取得了成功。

| 第一讲义 | 第二讲义 | 第三讲义 | 第四讲义 | 第五讲义 | **特别讲义** |

明确优先顺序的"定位矩阵"

麦肯锡解决问题笔记

无酒精啤酒的定位
高←自然·健康→低

高←啤酒度→低

① 最理想，但难以实现	② 无竞争
③ 国内竞争对手 B 公司、C 公司、D 公司	④ 国外竞争对手 E 公司、F 公司

这是在竞争激烈的市场中考虑新产品和新服务时的有效方法！

想要发现针对课题的真正解决办法的时候

"逻辑树"

■ 不重复、无遗漏地对课题进行分解整理

当想要系统地对课题进行不重复、无遗漏的分解整理，找出真正的问题点和具体的解决办法时，最常用的图表就是"逻辑树"。

比如本节中的逻辑树，就将"购买电动汽车的时候，都需要考虑哪些问题"进行了分解。通过这样的分解，我们就能够对所有影响到购买的要素进行不重复、无遗漏的思考。

在制作逻辑树的时候必须保证在第一和第二阶段做到不重复、无遗漏，并且所有的内容都没有偏离思考的轨道。一旦在对逻辑要素进行检查的时候找到问题点，接下来就要思考是否能够解决这一问题，是否能够针对这个问题点继续进行分解，通过展开新的逻辑树来解决问题。

发现真正的问题和具体解决办法的"逻辑树"

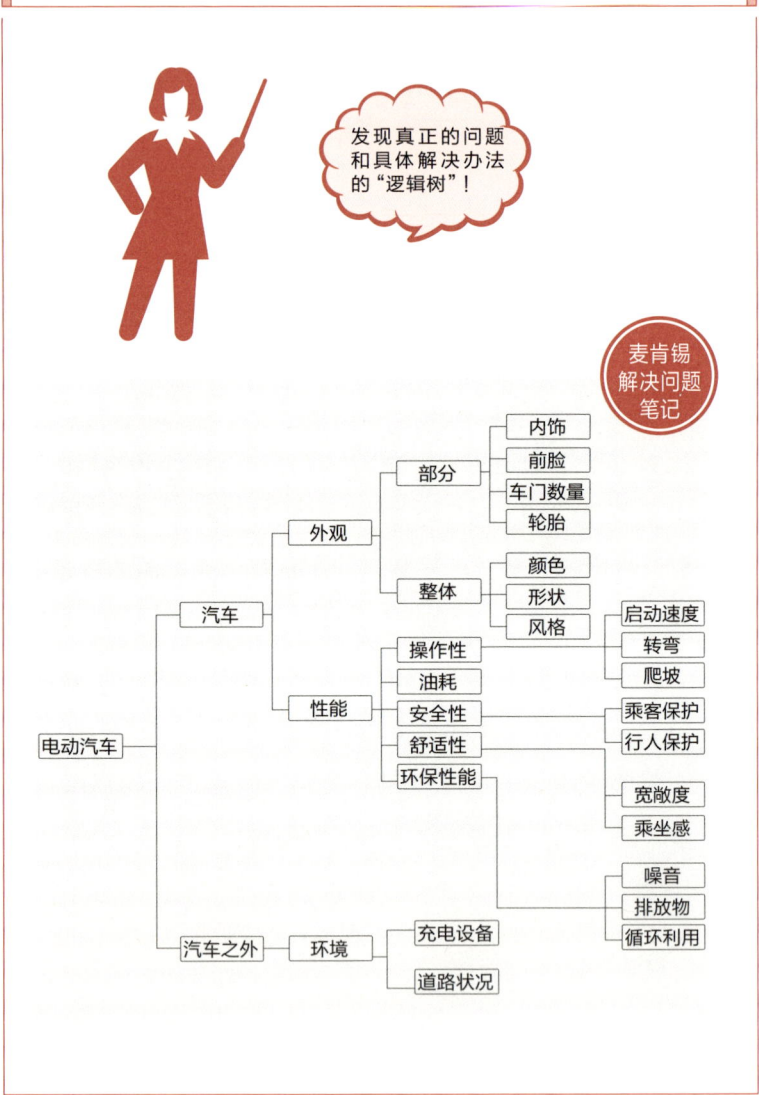

| 特别讲义 | 麦肯锡 | 图表入门 |

必修练习　请将正确答案填入空白处 ☐

1	2	3	4	5	6	7	8
利用图表能够找到解决问题的 A 。	利用图表能够 B 解决问题。	利用图表能够防止 C 。	「业务系统」是将事业必需的要素按照 D 分类并整理为 E 的图表。	「3C」是通过对自己公司的现状进行分析，F 和 G 的图表。	「7S」是想要 H 的时候最常用的框架。	「定位矩阵」是在开始行动之前明确 I 的图表。	「逻辑树」是系统地对课题进行 K 的分解整理时最常用的图表 J 、

答案：A找到 B以崭新的形式 C遗漏和重叠失误 D功能 E流程图 F竞争对手 G自己的顾客 H重新调整组织发展方向 I优先顺序 J正生育 K无遗漏

149

结语

多接触更好、更优秀的事物，掌握分辨真伪的能力

有的艺术品，即便不知道作家的姓名和创作的年代，但仍然让人一眼就能看出来这是一流的作品。

查询一下，发现这果然是价值连城的名作。

当然，艺术品的价值不能仅凭价格来判断，但这种分辨真伪的能力并不仅限于艺术品的世界，同样适用于商业活动与人际关系等领域。

选择新业务项目和选择新团队成员的时候，或者决定投资对象的时候，谁都想选择有发展潜力的项目和能够共享价值观的成员。

在这种时候，虽然本书介绍的以"麦肯锡图表"为代表的思考方法也能够发挥作用，但还有一点更加重要。

那就是分辨真伪的能力。

图表等思考方法只是提高工作品质的工具，其本身并不能发现价值，也不能创造价值。要想找到真正有价值的东西，必须掌握分辨真伪的能力。

或许有人说，既然分辨真伪的能力如此重要，那要想掌握的话一定也不容易吧。

但答案非常简单。

只要多接触更好、更优秀的事物就行。

通过自己的五感多接触经过岁月洗礼和时间沉淀的艺术珍品，久而久之便能够培养出自己的"直觉"。

我的祖父非常喜欢美术，所以我从小就看过许多美术作品，自然而然地产生"这个好棒"的感触。我没有接受过美术方面的专业教育，只是单纯地接触过很多美术作品，结果就养成了自己的审美"直觉"。

同时，这也有助于磨炼自己的五感。当你的五感变得敏锐之后，思考也会自然地变得清晰，能够第一时间凭借直觉分辨出哪个是真品，什么是本质，什么地方出现了问题。

从这个意义上来说，我在麦肯锡时代从前辈那里学到的冥想和瑜伽等使心灵获得平静的方法，成功地磨炼了我的五感。

事实上，这种"直觉"正是我在麦肯锡获得的让我受用一生的财富。

如果这本书，能够让大家掌握"麦肯锡解决问题"的方法，能够通过自己的双手创造出价值，磨炼出让自己的人生变得更加精彩的信念，那将是我最大的荣幸。

图书在版编目（CIP）数据

麦肯锡图表思考法 /（日）大岛祥誉著；朱悦玮译 . -- 北京：北京时代华文书局，2019.9
ISBN 978-7-5699-3141-9

Ⅰ . ①麦… Ⅱ . ①大… ②朱… Ⅲ . ①企业管理 Ⅳ . ① F272

中国版本图书馆 CIP 数据核字 (2019) 第 163098 号

Zukai Mckinsey-Ryu Nyusha 1 Nen Me Mondai Kaiketsu No Kyokasho
Copyright©2017 Sachiyo Oshima
Originally published in Japan in 2017 by SB Creative Corp.
Simplified Chinese Translation rights arranged with SB Creative Corp.
through jia-xi books co., ltd., Taiwan, R.O.C.
Simplified Chinese Translation copyright©2019 by Beijing Times Chinese Press

北京市版权著作权合同登记号 字：01-2018-1969

麦肯锡图表思考法
MAIKENXI TUBIAO SIKAO FA

著　　　者｜[日] 大岛祥誉
译　　　者｜朱悦玮

出 版 人｜王训海
策划编辑｜樊艳清
责任编辑｜樊艳清　刘　磊
装帧设计｜迟　稳
责任印制｜刘　银

出版发行｜北京时代华文书局 http://www.bjsdsj.com.cn
　　　　　北京市东城区安定门外大街 136 号皇城国际大厦 A 座 8 楼
　　　　　邮编：100011　电话：010 - 64267955　64267677

印　　刷｜凯德印刷（天津）有限公司 022-29644128
　　　　　（如发现印装质量问题，请与印刷厂联系调换）

开　　本｜880mm×1230mm 1/32　　印　张｜5.25　　字　数｜103 千字
版　　次｜2019 年 9 月第 1 版　　　　印　次｜2019 年 9 月第 1 次印刷
书　　号｜ISBN 978-7-5699- 3141-9
定　　价｜42.00 元

版权所有，侵权必究